Hans P. Sturm

Widerspiegelung des Geistes II/3

»Im Anfang war … ?«
Der Alte Orient und die Vier

Hans P. Sturm

WIDERSPIEGELUNG DES GEISTES II/3

»Im Anfang war … ?«

Der Alte Orient und die Vier

Kosmogonie·
als vergegenständlichte Re–flexionsstruktur

Edition Verstehen – Augsburg 2017

Bibliographische Information der Deutschen Nationalbibliothek:
Die Deutsche Nationalbibliothek verzeichnet diese Publikation in der Deutschen Nationalbibliographie; detaillierte bibliographische Daten sind im Internet über http://dnb.dnb.de abrufbar.

Sturm, Hans P.
Widerspiegelung des Geistes II/3. »Im Anfang war ... ?« Der Alte Orient und die Vier: Kosmogonie als vergegenständlichte Re–flexionsstruktur
Augsburg – Edition Verstehen
Verlag der Gesellschaft für transkulturelles Verstehen e. V. 2017
www.getrav.de
ISBN 978-3-937736-06-8

Satz: Hans P. Sturm
Diagramme, Tabellen und Nachgestaltungen von solchen aus der Forschungsliteratur: Hans P. Sturm
Umschlag: Hans P. Sturm
Thematisches Cover-Emblem: Heiko Helbig

Herstellung: BoD - Books on Demand, Norderstedt
Printed in Germany

ISBN 978-3-937736-06-8

« Ἕλληνες ἀεὶ παῖδές ἐστε, γέρων δὲ Ἕλλην οὐκ ἔστιν. » Ἀκούσας οὖν, « Πῶς τί τοῦτο λέγεις » ; φάναι. « Νέοι ἐστέ », εἰπεῖν, « τας ψυχὰς πάντες οὐδεμίαν γὰρ ἐν αὐταῖς ἔχετε δι᾽ ἀρχαίαν ἀκοὴν παλαιὰν δόξαν οὐδὲ μάθημα χρόνῳ πολιὸν οὐδέν. ... »[1]

„«Ihr Hellenen seid ewig Kinder, einen alten Hellenen jedoch gibt es nicht.» «Wie verstehst du das?», habe er gefragt, als er das hörte. «Jung seid ihr», sagte er, «all eure Seelen; denn ihr hegt in euch überhaupt keine von alters her tradierte Meinung, noch auch ein durch die Zeit ergrautes/erhelltes Wissen. ...»"

---

1 Platon, Timaios 22b5–9.

Inhaltsverzeichnis

Abbildungen, Diagramme, Tabellen

Vorbemerkung zu den Teilbänden II/2-7

Da Gedankengang und Gesamtsinn des auf neun Bücher konzipierten Werkes ›Widerspiegelung des Geistes‹ im theoretischen Grundlagenband I entfaltet und erörtert wurden, im Einleitungsband der 7-teiligen Abteilung II zudem die spezifischen formalen Konventionen, der wissenschaftliche Stand und Zustand der derzeitigen ‚Philosophie' generell wie ihrer speziellen interkulturellen Spielart, aber auch in einer Hinführung der Gegenstand, das Themengebiet der zu leistenden Forschungsarbeit dargestellt und diskutiert wurden, werde ich in den folgenden Büchern des Teilbands II auf weitere einleitende Worte und Erläuterungen verzichten und nur diesen Vorbemerkungs-Text hier mit minimalen Anpassungen zusammen mit dem Abstract zum jeweiligen Faszikel wiedergeben.

Diejenigen Leser, deren Interesse auf einzelne Themengebiete und bestimmte philosophische Schulen oder Richtungen gewisser Zeitabschnitte meiner strukturell wie gleichermaßen historio-doxographisch ausgerichteten Studien begrenzt ist, werden gebeten, sich das zum Verständnis hilfreiche, in mancherlei Hinsicht notwendige Vorwissen an den einschlägigen Stellen der vorangegangenen Bände zu verschaffen.

Vom Standpunkt des Selbstdenkers aus betrachtet verhält es sich keinesfalls so, daß beim nun anhebenden Durchgang durch das Schrifttum der antiken Stiftertraditionen dessen, was von den Hellenen Philosophie genannt wurde, die Erkenntnisse zur Thematik der »Strukturtheorie der Re-flexion« nicht zu vertiefen, aspektuell zu erweitern und zu ergänzen wären, und sich die Erschließung des gesamten folgend vorzustellenden Gedankenmaterials erübrigen würde. Vielmehr birgt dessen

Studium einen mehrfachen Gewinn.

Erstens dient es zur Einübung in die Kunst der Re-flexion, d. h. des transzendentalen Denkens (Meta-Metatheorie); zweitens verschafft es Einblicke in die diesbezüglichen Fertigkeiten von Geistern anscheinend unterschiedlichster Voraussetzungen und Ausrichtungen (Kulturen, Weisheitstraditionen, Religionen, Weltanschauungen); drittens erschließt sich durch die Anwendung der re-flexionsstrukturellen Methode in ihrer Bi-Aspektualität als Technik des Aufweises kognitiver Prinzipien und dessen sprachlicher, thetisch-antithetischer Formelhaftigkeit eine verblüffende Hermeneutik, die durch Anwendung der beiden stufenartigen Einteilungsraster den Aufbau betrachteter Gedankengebäude durchleuchtungsartig freilegt; viertens und letztens schärft es die Einsicht in den ‚Sinn' des Seins und Daseins und versetzt dadurch in die Lage, durch eine entsprechende Lebensführung selbst nicht nur Philo-Soph zu sein, sondern Weiser, σοφός (*sophós*), ज्ञानिन् (*jñānin*), 聖人 (*shèng rén*) zu werden, wahrhafter Mensch (etymologisch von idg. √*men*, skr. √*man*, gr. *maínō*, *manthánō*, lat, *memini*, *mens*, *mentior*, dt. meinen, Mensch): Meinender, Erdichter, Weise/r.

Abstract zum Faszikel II/3

Von zeitlich späteren Spekulationen im Dunstkreis des Orients (Anfänge der griechischen und indischen philosophischen Spekulation) im vorhergehenden Faszikel gehen wir in diesem auf die nach derzeitiger Geschichtsauffassung (die man nicht teilen muß und ich auch nicht teile) ältesten Zeugnisse der Erklärung von Weltwerdung im Alten Orient zurück, dessen kosmogonische Mythen. Von den meisten ihrer Deutungen bis auf den heutigen Tag, womöglich von allen, unterscheidet sich diese strukturtheoretisch orientierte Rückschau dadurch, daß sie diese nicht vom arroganten Gipfelpunkt einer erfundenen evolutionären Wissensentfaltung aus, von oben herab also, als primitive Ausdrucksformen der menschlichen Bewußtwerdung zum Objekt kulturdünkelhaften Forschungseifers macht, sei er (wissenschafts-)historisch, psychologisch oder sonstwie motiviert, sondern als Objektivierung der (noch) nicht reflektierten, d. h. (noch) nicht auf ihre Gültigkeit hin geprüften, sich in der Intuition dennoch ausdrückenden Struktur der Erkenntnis und des in ihr Erkannten, wie sie sich philosophisch begründet durch Ausführung eines mehrfach metatheoretischen Rückkopplungsprozesses als dessen re–flektorisches Resultat absetzt. Damit soll und kann aufgezeigt werden, daß einige dieser Erzählungen vom ‚Anfang' hohen intellektuellen Anforderungen genügen und zeit- wie ortloses Wissen auf eine ganz spezifische Weise transportieren.

Vergleicht man neueste astrophysikalische ‚Erklärungen' der Entstehung des Universums rein formal mit den Eingebungen der Schöpfer dieser Schöpfungsgeschichten, so wird der unvoreingenommene Betrachter feststellen, daß sich beide, das ist jetzt natürlich pointiert gesprochen, vornehmlich hinsichtlich der mathematischen Darstellungsweise unterscheiden. Möge man sich doch einmal die Mühe machen und die jeweils benutzte Terminologie, in welcher der kategoriale Aufbau des jeweiligen Gedankenkonstrukts, besonders dessen Grundpunkt, artikuliert wird, sammeln und vergleichen. Man wird feststellen daß bei den neuen die Strukturierung nach noologischen Prinzipien leider aus den Fugen geraten ist oder gänzlich ausfällt. Ob diese in den uralten Spekulationen um den Uranfang tatsächlich aufzuspüren sind, kann man entlang meiner Ausführungen zu kosmogonischen Überlieferungen aus Sumer und Babylonien, Ägypten, Phönikien, Israel und Persien wie einiger Mythologeme und Philosopheme Griechenlands erkunden. In welchem Verhältnis dazu man die Erschaffung des Kosmos sehen kann, wie sie Platon im ›Timaios‹ berichtet, und wie dazu wiederum die Schöpfung der Welt aus (dem) Nichts (*creatio ex nihilo*) des Hl. Augustinus steht, damit wird diese der Philosophie vorausgehende, in sie hineinreichende Thematik abgerundet.

1 Schöpfung und Nichts Archetypen der Kosmognosie

In der derzeitigen Kulturforschung ist man sich einig darüber, daß die naturalistisch klingenden Schöpfungssagen am Anfang schriftlicher Überlieferung zwar einiges an Faszinierendem zu verkünden haben, im Verhältnis zum heutigen Weltverständnis aber insgesamt primitiv oder wenigstens naiv sind. „Daß den Mythen vom Anfang der Welt eine bemerkenswerte spekulative Energie eignet, hat man immer gesehen. Zwar ist die Erzählform als solche naiv, das, was Anthropologen spöttisch eine ‹just-so-story› genannt haben: »Am Anfang war dies … und dann … Erst war die Welt nicht da, dann entstanden Himmel und Erde, und die Götter, und die Menschen, ihr Verhältnis wurde geregelt, *just so.* So haben auch die Griechen erzählt, und zwar nicht minder naiv: «Beieinander waren die Dinge alle», begann Anaxagoras, «… und indem sie alle beieinander waren, war nichts deutlich … denn alles hielt Nebel und Lichtdunst darnieder ...» Das ist doch ganz ähnlich wie «Und die Erde war wüst und leer, und Finsternis brütend über der Tiefe» (Gen. 1,2).“[1]

Daß philosophische GeistWelt-Lehren ob ihrer Abstraktion modernen naturwissenschaftlichen Kosmologien mit ihrer Erkundung des Universums mittels mathematisch-technologischen Instrumentariums überlegen sind, möchte ich anschließend, indem die Feststellung von der Antiquiertheit oder Fortschrittlichkeit hier als bedeutungslos, ja fehl am Platze bloßgelegt wird, aufweisen. Bei beiden Gattungen, Mythos

---

[1] W. Burkert, Die Griechen und der Orient, p. 68.

(Intuition) und Logos (Reflexion), handelt es sich um verschiedene Darstellungsformen einer dem Alltagsbewußtsein verborgenen Gesetzmäßigkeit des Gestaltungsgeschehens von Wirklichkeitserkenntnis an sich. Insofern ist der Logos nur eine spezifische Form des Mythos. „Das Wort »Mythos« bedeutete ursprünglich dasselbe wie das Wort »Logos«."[2]

Nicht nur der Bedeutung der beiden Termini, auch der Sache nach könnte sich herausstellen, daß die Unterscheidung zwischen Mythos und Logos selbst ein Mythos ist. Freilich unterliegen beide, das ist zuzugeben, ja zu betonen, Kriterien der Verbindlichkeit und des Gültigkeitserweises, wie sie unterschiedlicher nicht sein könnten: traditionsgebundenen, auf Macht und Herrschaft basierenden und unter Androhung von Sanktionen durchgesetzten Glaubenssätzen der Mythos, kurz: Gewalt und Gewohnheit; durch freie und autonome Gedankenexperimentation und Reflexion zu entdeckenden Grundsätzen, Axiomen und Gesetzmäßigkeiten, so zumindest die ideale Version, der Logos. „Der Mythos gibt eine Erklärung der sonst unerklärlichen Erscheinungen. Die Philosophie tut dies ebenfalls. Was aber der Mythos in Form von Geschichten über einzelne göttliche oder halbgöttliche Wesen berichtet, stellt das philosophische Denken in Form von Begriffen dar. Die Geschichten kann man glauben oder nicht glauben. Die Begriffe aber erschließen uns die Erscheinungen, und die mit ihnen gebildeten Urteile lassen sich auf ihre Wahrheit anhand der Wirklichkeit nachprüfen."[3] Der zitierte Denker weiß natürlich, inwiefern sein Logos hier in allerletzter Konsequenz auch wiederum ein Mythos ist.

Vorstellungen und Erzählungen von der Weltentstehung aus

---

2 K. Albert, Griechische Religion und Platonische Philosophie, p. 31, unter Berufung auf W. F. Otto, Die Gestalt und das Sein, pp. 334–335, aus welcher Textstelle ich solches allerdings nicht herauslesen kann.

3 K. Albert, Vom Kult zum Logos, pp. 7–8.

dem Bestimmungs- und Gestaltlosen oder dem Zwiegeschlechtlichen durch den Trennungsakt einer Primordialsyzygie, den Vorgang des Ausbrütens eines Ureies, die Reifung eines Primärkeims oder ein wind- und hauchartiges Geschehen, das nicht selten mit der zum Sprechen erforderlichen Atemluft, d. h. übertragen, der Sprache und damit einer mythischen oder epischen Poíēsis (‚Poetik') eines ersten sprechenden Machers, einem logischen Akt und Werk des Logos (‚Logik') eines Welterdichters verknüpft ist, sind bis in die frühesten Zeiten geschichtlicher Überlieferung zurückzuverfolgen.

In ihrem komplexen Aufbau entsprechen sie durchaus geisttheoretischen Entwürfen der Antike (Platon, Aristoteles, Vedānta, Daoismus) und der Spätantike (Mittel-, Neuplatonik, Advaita, Vijñānavāda), die die Spekulation bis ins Mittelalter (Scholastik, Mystik, Kabbala, Tantra) und in noch spätere Zeiten (Fichte, Schelling, Hegel) prägten, nur arbeiten die vorphilosophischen Welt(entstehungs)erklärungen mit Bildern und Symbolen aus eine Bewußtseinsschicht, zu der wir in unserem Zeitalter keinen oder kaum mehr einen Zugang haben. „Es besteht soweit kein Grund, die mythischen Kosmogonien der Griechen – ob von Homer entworfen, von Hesiod oder von Orpheus – von den orientalischen Gegenstücken zu isolieren. Sie gehören offenbar der gleichen Familie an. Und daß wiederum die sogenannten Vorsokratiker in ihre Spuren treten, ist ausgemacht."[4]

Historio-doxographisch lassen sich Schöpfungsmythen aus fragmentarischen Vorformen bis in das 4. Jahrtausend vor unserer Zeitrechnung zurückverfolgen. Geographisch rückt hier insbesondere Mesopotamien (Zweistromland) in den Blick. „Ein eigentlich kosmogonischer Text wurde bis jetzt zwar noch nicht gefunden, doch lassen sich die entscheidenden Stadien

---

[4] W. Burkert, Die Griechen und der Orient, p. 72.

der Schöpfung, wie die Sumerer sie dachten, aus einigen Anspielungen rekonstruieren.

(ϒ4) Die Göttin Nammu (deren Name mit jenem Bildzeichen wiedergegeben wird, das »Urmeer« bedeutet) wird gedacht als »Mutter, die
(ϒ3$_2$) Himmel
(ϒ3$_1$) und Erde gebar«,
(ϒ4) sowie als »Ahnmutter, die
(ϒ2$_{1/2}$) alle Götter gebar«.
(ϒ4) Das Thema der als kosmisches und zugleich göttliches Ganzes gedachten Urwasser erscheint in archaischen Kosmogonien sehr häufig. Auch in Sumer identifiziert man die Wassermassen mit der Urmutter, die
(ϒ3½) durch Parthenogenese
(ϒ3) das erste Paar,
(ϒ3$_2$) den Himmel (An)
(ϒ3$_1$) und die Erde (Ki)
(ϒ3) als Inkarnation des weiblichen und des männlichen Prinzips hervorbrachte. Dieses erste Paar war so eng miteinander verbunden, daß es im »hieros gamos« [in der heiligen Hochzeit] ineinander verschmolz. Aus seiner Vereinigung entstand
(ϒ1$_{1/2}$) Enlil, der Gott der Luft. In einem weiteren Fragment erfahren wir, daß dieser letztere seine Eltern voneinander löste:
(ϒ2) der Gott An hob den Himmel nach oben,
(ϒ1) und Enlil nahm seine Mutter, die Erde, mit sich."[5]

Der akkadische Schöpfungsmythos ›Als droben/Enuma Eliš‹

---

[5] M. Eliade, Geschichte der religiösen Ideen, 1.63, meine Übersetzung des griechischen Terminus technicus in eckigen Klammern.

stellt zwei polare Prinzipien des Urweltchaos an den Anfang, zum einen die feminine Salzwassertiefe oder das Urmeer (*tiamat/tamtu*), die nach einer möglichen Lesart den Beinamen Mummu, Chaos, Konfusion sowie Mutter der Tiefe (*ummu ḫubur*) trägt, zum anderen den sich schon vor aller Existenz mit ihr in eins vermischenden maskulinen Abgrund oder Süßwasserungrund (*apsū*). „Nach Auskunft der Lexika ist Apsu die unendliche Wassertiefe unter der Erde, der Abgrund. Sein Name schließt mehr den Gedanken des Ortes als die Qualität des Elementes ein. Andrerseits ist Tiamat, als Wort und Vorstellung, ursprünglich dasselbe wie das hebräische Tehom, die unterirdische Wassertiefe, in der Schöpfungsgeschichte der ›Septuaginta‹ mit abyssus [Abgrund] übersetzt. Kurz, Tiamat und Apsu scheinen aus Einer einheitlichen Vorstellung entwickelt; nicht Salz- und Süßwasser wurden zu mythischen Gestalten, sondern das Urmeer und der Abgrund.“[6]

Die Mummu-Gestalt wurde von babylonischen Theologen angeblich als Wort (*ribmu*) und Leben (*naëltu*) verstanden.[7] Ein moderner Altorientalist weist auf die Bedeutung von Mummu als »Schöpfer«, »Gestalter«, wobei sie dem von Damaskios angenommenen Sinn des »Ideenkosmos« entspräche und zum Logos der griechischen Philosophie in Sinnbeziehung stünde.[8] Der letzte Scholarch der Akademie identifizierte sie tatsächlich mit dem intelligiblen Kosmos (*noētòn kósmon*).[9] Nach einer

---

6 U. Hölscher, Anaximander und die Anfänge der Philosophie, p. 396; in Fn. 2 dazu wird auf Einträge in Lexika des Sumerischen verwiesen; meine Übersetzung des Lateinbegriffs in eckigen Klammern.

7 Cf. E. Ebeling, Das babylonische Weltschöpfungslied »Als droben«, p. 109[e].

8 Cf. A. Heidel, The Meaning of *mummu* in Akkadian Literature, p. 101d.

9 Cf. Damaskios, De principiis 3.165.6-16 = ⟨ed.⟩ C. E. Ruelle, 1.321-322; deutsche Übersetzung der Damaskios-Stelle bei E. Ebeling, Das

anderen Interpretation bringen Vater Apsu und Mutter Tiamat den Nachkommen Mummu, ebenfalls eine Wassergottheit, in Form von Nebel oder Dunst hervor. „Ich würde eher sagen, daß Mummu der personifizierte Nebel oder Dunst war, der aus den Wassern von Apsû und Ti'âmat aufstieg und über ihnen schwebte. In mythologischer Sprache konnte solch ein Nebel oder Dunst leicht »Sohn« der beiden Urgottheiten genannt werden. Es wäre des weiteren in voller Übereinstimmung mit der Feststellung im *Enûma eliš*, daß die drei Gottheiten Aspû, Mummu und Ti'âmat »ihre Wasser zusammenmischten« oder »ihre Wasser in eins vermischten«."[10] Wie wäre es also, in den Anfangsversen dieses kosmogonischen Gesangs von einer göttlichen Chaos-Trinität auszugehen, werden wir folgend in den verschiedenen altorientalischen Kulturen doch von einer multiplen Elementar-Unbestimmtheit des Anfangs hören, die von der Primär-Dualität bis zur Primär-Tetras bzw. Primär-Ogdoas reicht?

Wie dem auch immer sei, entstammen diesem Urpaar, dieser Urfamilie oder Urwassertriplizität drei weitere Generationen von Vorweltgötterpaaren, die Apsu unterwerfen und aus denen schließlich der Schöpfergott Marduk hervorgeht, dessen Wort Kreationskraft besitzt und der durch Tötung Tiamat's und deren Zerteilung das Firmament (*šamāmu*), die himmlischen Sphären und schließlich Erde/Feste (*irṣitim*/*ammatu*),

babylonische Weltschöpfungslied »Als droben«, p. 138.

[10] A. Heidel, The Meaning of *mummu* in Akkadian Literature, pp. 104d-105s; cf. o.c., p. 101; idem, The Babylonian Genesis, pp. 3, 114-115. Zur schwierigen Bedeutung und Bestimmung der Stellung von Mummu im Pantheon des Schöpfungslieds cf. L. W. King, Enuma Elish, 1.XXXVIII[1], Introduction & 1.162, Appendix I.; P. Garelli / M. Leibovici, La naissance du monde selon Akkad, p. 121.

Mensch (*amelu*) und das übrige Irdische schafft.[11] Danach handelt es sich genau genommen, wie in nicht wenigen alten Kosmogonien, um zwei Schöpfungen, eine vor der Welt und vor der Zeit und eine der Welt und der Zeit (wobei es in anderen Weltursprungslegenden, wie für Indien gezeigt werden wird, weitere Varianten, zusätzlich z. B. Weltentstehung ‚in' der Zeit oder gar ‚als' die Zeit, die im Sinne einer Vor-Zeit oder Reifungsphase verstanden werden will, was immer das sein mag, gibt), die sich im Strukturschema in folgenden, ich weise wieder darauf hin, nur annähernd fixierbaren Momenten abzeichnen:

(ϒ4$_{(4)}$) „Als droben der Himmel nicht genannt war, / drunten die Feste einen Namen nicht trug,
(ϒ4$_{(2)}$) Apsû, der uranfängliche, ihr Erzeuger,
(ϒ4$_{(1)}$) Mummu (und) Tiâmat, die Gebärerin von ihnen allen,
(ϒ3½) Ihre Wasser in eins vermischten,
(ϒ4) Das Strauchwerk sich nicht miteinander verknüpfte, Rohrdickicht nicht zu sehen war, / Als die Götter nicht existierten, niemand, / sie mit Namen nicht genannt, Geschicke ihnen nicht bestimmt waren,
(ϒ2$_{1/2}$) Da wurden die Götter in ihrer Mitte
(ϒ3) geschaffen, …"
(ϒ2$_{1/2}$) bis hin zum Weltschöpfer Marduk, der
(ϒ2) aus einem Teil Tiamat's das Firmament, die Himmelskörper und damit die Zeit schuf. Er erschafft

[11] Deutsche Übersetzung mit Hinweis auf seine eigene Edition des Assur-Textstücks: E. Ebeling, Das babylonische Weltschöpfungslied »Als droben«; meiner Skizze des aitiologischen Grundgeschehens waren die Fußnoten dieser Übertragung der Dichtung äußerst dienlich; Umschrift des Keilschrifttexts mit Übersetzung: idem, Das babylonische Weltschöpfungslied; Londoner Text und englische Übertragung: L. W. King, Enuma Elish.

(♈1) die Erde, den Menschen und alles andere Irdische ...[12]

Auch in den ersten Strophen des babylonischen ›Gilgamesch-Epos‹, dessen Erzählstoff aus dem frühen 3. Jahrtausend v. Chr. stammen dürfte, finden sich die Grundelemente, die zur Ausformulierung der frühen Weltentstehungs-Spekulationen beigetragen haben könnten. Gerade weil es nicht üblich ist, seine Anfangsverse im Kontext kosmogonischer Überlegungen zu zitieren, möchte ich sie, um hier ein Gegengewicht zu schaffen, anschließend wiedergeben. Einmal ins Bewußtsein gerückt, verrät das Bild vom Bau der Stadt(mauer) seinen kosmogonischen Sinn auch dem, der in der Dechiffrierung von Mythologemen nur wenig geübt ist: „... die Gründung der Stadt ist in einem sehr realen Sinne ein Schöpfungsakt ...“[13] Den Versuch einer Strukturierung nach dem nunmehr bekannten Raster, ich halte sie durchaus für möglich, bitte ich den Leser selbst vorzunehmen:

/1/ „Der, der die Tiefe sah, die Grundfeste des Landes,
der das *Verborgene* kannte, der, dem alles bewußt –
Gilgamesch, der die Tiefe sah, die Grundfeste des Landes,
der das *Verborgene* kannte, der, dem alles bewußt –

[12] Zitat der ersten neun Verszeilen und Zusammenfassung aus E. Ebeling, Das babylonische Weltschöpfungslied »Als droben«; Übersetzung und transliterierter Urtext des wörtlichen Zitats: idem, Das babylonische Weltschöpfungslied, pp. 14/15; L. W. King, Enuma Elish, pp. 2–4.

[13] B. Lincoln, The Indo-European Myth of Creation, p. 138; der Autor gibt für seine Feststellung ohne zu zitieren und ohne wissenschaftlichen Vergleichsvermerk in der zum Zitat gehörigen Fn. 71 den Nachweis: M. Eliade, Cosmos and History, p. 18; tatsächlich sollte man das gesamte Kapitel, in dem sich die genannte Seite befindet, berücksichtigen; dieses belege ich folgend für die deutsche Ausgabe: M. Eliade, Kosmos und Geschichte, pp. 19–24.

/5/ *vertraut sind ihm die Göttersitze* allesamt.
Allumfassende Weisheit *erwarb* er in jeglichen Dingen.
Er sah das Geheime und deckte auf das Verhüllte,
er brachte Kunde von der Zeit vor der Flut.
/9/ Einen weiten Weg kam er her, um (zwar) müde doch (endlich) zur Ruhe gekommen zu sein.
Festgehalten auf deinem Steinmonument ist all die Mühsal.
Er baute die Mauer von Uruk, der Hürden(umhegten),
die des hochheil'gen Eanna, des reinen Schatzhauses."[14]

Der nahmittelöstliche Kulturkreis, der als Stätte solcher und ähnlicher Typen von Weltentstehungsvorstellungen am nachdrücklichsten Erwähnung finden muß, ist der ägyptische. Die Idee eines die Wirklichkeit im Geist und diesem gemäß ersinnenden und im Wort deklamierenden Gottes ist dort nach dem derzeitigen Forschungsstand bis in das Alte Reich zurückzuverfolgen.[15] Sie ist erhalten in einer Hieroglyphen-Inschrift auf einem schwarzen Granitblock, die der nubische Pharao Schabaka im 8. vorchristlichen Jahrhundert einmeißeln ließ und ihre Ursprünge aller Wahrscheinlichkeit nach in einem Papyrus oder auf Leder geschriebenen Text hat, den Priester des Heiligtums von Memphis um die Zeit der 5. Dynastie (ca. 2500 v.Chr.; Datierung selbstverständlich nach der zweifelhaften derzeitigen Mainstream-Wissenschaft) anfertigten.

Sie gilt in Fachkreisen als einer der wertvollsten Schätze ägyptischen Denkens und als die älteste Formulierung einer

---

14 Gilgamesch-Epos, Tafel I.1-12, ⟨tr.⟩ S. M. Maul, p. 46, die Zeilenzählung zwischen je zwei Schrägstrichen ist die der zitierten Ausgabe; Ergänzungsvorschläge zum Textsinn sind vom Übersetzer in Kursivschrift, sprachliche und inhaltliche Ergänzungen in runde Klammern gesetzt.

15 Cf. S. Sauneron / J. Yoyotte, La naissance du monde selon l'Égypte ancienne, pp. 62-63.

philosophischen Weltanschauung überhaupt.[16] Ihre Aspekte von Geist/Seele, Leben(sodem) und zeugend ins Sein rufender Stimme, d.h. Sprache, implizieren (naturalistisch gelesen) das mythische Bild des Wind- und Atemhauchs, worin sich eine gewisse Sinnverwandtschaft mit der bekannten Göttervorstellung des Wind-, Luft- und Lichtgottes Amun-Re zeigt.[17] Anschließend die von einem Spezialisten angefertigte Übersetzung eines kurzen Abschnitts der Schabaka-Inschrift mit meinem Skalierungsversuch, der zeigt, wie in der archaischen Sprechweise der Ägypter die Feinheiten ausgefeilter Geistspekulation viel späterer Epochen vorweggenommen sind:

(ϒ4) „So [sc. durch Ptah's

(ϒ3) Namensnennung]

(ϒ$2_{1/2}$) wurden alle Götter geschaffen und wurde seine Neunheit vollendet [K. Sethe: „Und so wurden alle Götter erschaffen, Atum und seine Götterneunheit"].

(ϒ3) Es entstand ja jedes Gotteswort durch das, was von dem Herzen [= Horus] erdacht und von der Zunge [= Toth] befohlen wurde. –

(ϒ2½) So wurden auch die K3 [männliche Seelen-Geister] geschaffen und die Ḥmwś-wt [Feen, weibliche Natur-/Lebensgeister] bestimmt, die

(ϒ1_0) alle Nahrung und alle Speisen hervorbringen

(ϒ3) durch dieses Wort, ⟨das von dem Herzen erdacht und von der Zunge befohlen wurde⟩ –

---

16 Cf. T. Obenga, L'Afrique dans l'antiquité, pp. 129–130; »philosophisch« ist hier natürlich in der weichen der von mir eingeführten zwei Bedeutungen von Philosophie, als »Spekulation«, nicht als »Reflexion«, zu verstehen.

17 D. Cupitt, Creation out of Nothing, pp. 1–5, macht mit wenigen Worten die Sinnverwandtschaft zwischen Sperma, Speichel, Sprache (Zähne, Lippen, Mund), Dunst/Nebel und Atmosphäre/Leere innerhalb ägyptischer Kosmogonien deutlich.

(ϒ1(1)) ⟨So wird auch Recht gegeben dem,⟩, der tut, was geliebt wird

(ϒ1(2)) ⟨und Unrecht gegeben dem,⟩, der tut, was gehaßt wird –

(ϒ1(1)) So wird auch Leben gegeben dem Friedfertigen

(ϒ1(2)) und Tod gegeben dem Frevler

(ϒ3) ⟨durch dieses Wort, das von dem Herzen erdacht und von der Zunge befohlen wurde⟩."[18]

Daß diese Weltschöpfungslegende philosophische Spekulationen der Hellenen um zwei Jahrtausende vorwegnimmt, kann an dem Faktum abgelesen werden, daß die darin zur Anwendung kommenden Prinzipien und ihr Verhältnis zueinander nach der Aristotelischen Lehre von den (be)gründenden oder

[18] H. Junker, Die Götterlehre von Memphis (Schabaka-Inschrift), p. 59, 6. Hauptstück, Zeilen 56–57; die Kursivierung des gesamten Textstücks, die anzeigen soll, daß es sich um die Übersetzung des Originals handelt, wurde von mir nicht übernommen; Einordnung der Gegensätze von »geliebt–gehaßt« und »Leben/Friedfertiger–Tod/Frevler« auf Ebene (ϒ1) ist problematisch, vielleicht sollte man sie auf zwei Ebenen auseinanderziehen (ϒ2/1); Ergänzungen in spitzen Klammern sind die des Originals; sie sind umstritten und entbehrlich; in eckigen Klammern ausschließlich meine Erläuterungen aus dem Kontext; das Umschriftzeichen bei der Schreibweise der Ka-s ist nur angenähert; gesamter Hieroglyphentext, deutsche Übersetzung und Kommentar mit verdeutlichenden Parallelstellen, o.c., pp. 16–75; Übersetzungsvariante bei K. Sethe, Dramatische Texte zu Altaegyptischen Mysterienspielen (I Das „Denkmal memphitischer Theologie". Der Schabakostein des britischen Museums), p. 60, in eckigen Klammern; ägyptischer Urtext, deutsche Übersetzung und ausführlicher philologisch-doxographischer Kommentar o.c., pp. I–80; Text und englische Übersetzung bei M. Sandman Holmberg, The God Ptah, pp. 3*–5* (Nr. 3), 20–22; Kommentar, o.c., pp. 42–45. Eine Sammlung der wichtigsten Übersetzungen in verschiedene europäische Sprachen (bis zum Erscheinen seines Buches) mit eigenem Kommentar findet sich bei A. M. Frenkian, L'Orient et les origines de l'idéalisme subjectif dans la pensée européenne, 1.43–81. Cf. W. Erichsen / S. Schott, Fragmente memphitischer Theologie in demotischer Schrift (Pap. demot. Berlin 13603).

ur-sächlichen Konstituenzien von Sachverhalten (gr. *aitíai* / lat. *causae*) bestimmt werden können. „Ptah ist in seinem Akt des Schaffens (des Gebärens: *msi*, auf Ägyptisch) auf einmal und gleichzeitig die Schöpfungsidee, das Mittel oder Material der Schöpfung: Ptah ist Atum (Schöpfungsidee), Horus (Sitz der Empfängnis der Schöpfung) und Thot (Vermögen, das die Schöpfung ausführt): [Zeilen] 53-54. Nun, das Herz und die Sprache sondern die Schöpfung ab, indem sie das Schöpferprinzip selbst beleben. Das Schöpferprinzip schafft. Das Produkt oder die Produktion, das ist die Schöpfung. Auch ist das Schöpferprinzip, Ptah, *in* jedem geschaffenen Wesen. Die Schöpfung ist folglich das Schöpferprinzip und die Gesamtheit der geschaffenen Wesen, aber das Schöpferprinzip beherrscht diese geschaffene Gesamtheit, obgleich es *in* jedem Wesen seiner Schöpfung ist."[19] Die Ursachen-Lehre des Aristoteles wird von zitiertem Autor in diesem Zusammenhang mit keinem Wort erwähnt, entweder, weil er sein Interpretament nicht preisgeben wollte, oder weil er daran nicht dachte, vielleicht aber auch, weil er es gar nicht kannte. Philosophisch besonders aufschlußreich wäre letzterer Fall, weil er erst offensichtlich machte, daß das Denkmuster im Text selbst angelegt ist und nicht nachträglich in ihn hineingetragen werden muß.

Ein vergleichender Blick auf die jüdische ›Genesis‹ konnte ob der Potenz zur Welterzeugung, die der Sprache der memphitischen Hauptgottheit eignet, nicht ausbleiben. „Die berühmte Theologie

(ϒ4) des Gottes Ptah von Memphis sagt unter anderem, daß all das, was Ptah

(ϒ3) ausspricht, in seinem Inneren gewachsen ist, daß also Erkennen und Aussprechen die Voraussetzungen für

---

[19] T. Obenga, L'Afrique dans l'antiquité, p. 149, Kommentar zur Schabaka-Inschrift, Zeilen 53-54.

die Verwirklichung
(ϒ2/1) von Schöpfung sind.
(ϒ3) Das Aussprechen konstituiert das, was
(ϒ2/1) dann verwirklicht wird.
(ϒ3) Das Wort ist schöpferisch und kreativ.

Der Beginn einer Theologie des Wortes und der Schöpfung liegt also nicht etwa im Alten Testament, in der Schöpfungsgeschichte, sondern liegt in der Theologie des Gottes Ptah, der sogenannten memphitischen Theologie, die erstmals davon spricht, daß

(ϒ4) der höchste Gott durch sein
(ϒ3) Wort
(ϒ2/1) die Wirklichkeit schafft.
(ϒ3) Was in seinem Innern gewachsen ist, was ausgesprochen wird –
(ϒ2/1) das wird verwirklicht."[20]

Auf einem rein historio-doxographischen Standpunkt stehend könnte man sagen, daß die die Welt erdenkende und erdichtende, also mundwerklich hervorbringende Gottheit von Ägypten aus die ganze Erde überredete und auch heute noch so gut wie alle in ihrem abendländisch-amerikanischen Teil lebenden Geschichtswissenschaftler überredet, indem die neuere Forschung zum Alter und Herkunftsort der indischen Tradition in akademischen Kreisen kaum diskutiert wird. „Die Vergottung gewisser Abstraktionen, wie z. B. der Rede oder Sprache, ist ein

[20] M. Görg, Ein Haus im Totenreich. Jenseitsvorstellungen in Israel und Ägypten, p. 43. J. v. Kempski, Zimzum: Die Schöpfung aus dem Nichts, p. 1108, sieht eine Analogie zwischen dem jüdischen und babylonischen Mythos der Schöpfung in der Weise, daß diese in beiden durch Nennung geschieht.

weiterer Brauch, der in Ägypten begonnen zu haben scheint. Die Rede wird allererst in der *Memphitischen Theologie* vergottet, in der

(ϒ4) Ptah
(ϒ2/1) die Welt
(ϒ3) mit Hilfe von Herz und Zunge erschafft, d.h. dem Denken und seiner Verkörperung in der Sprache;

sie erscheint später wieder in der Amun-Re-Theologie, in der jedes Wort aus Amun's Mund als mit ihm identisch angenommen wird und seine Sprache Verehrung als er selbst erfährt. Diese Idee verbreitete sich weit. Sie findet sich in Jahwe's Schöpfung durch Sprache im ›Alten Testament‹, im vorsokratischen Griechenland, wo Herakleitos das Wort (*Logos*) als göttliches Prinzip zu bedenken scheint; und in Indien, wo das Wort (*Vāc*) als die universale Schöpferkraft verehrt wird. *Vāc* erscheint im zehnten Buch des *Ṛg Veda,* d.h. in der mittelvedischen Literatur (*Ṛg Veda* X.71, X.81, X.125, etc.) und könnte nach Indien als Teil einer Welle nahöstlichen Einflusses gekommen sein, die die Vorstellung des kosmischen Menschen mitbrachte."[21]

Die Idee eines durch Sprache erzeugten Kosmos wird auch in einer orphischen Kosmogonie angesprochen, die auf dem Wege des ›Derveni-Papyrus‹, dessen Kosmogonie/Kosmologie im Faszikel II/2 skizziert wurde, bei der Stiftung der Philosophie als solcher, besonders der Pythagoreischen, Heraklitischen und Eleatischen Richtung, beteiligt gewesen sein könnte. „Der Gott, der der Einzige ist, erschafft die Welt mit seinem

---

[21] T. McEvilley, The Shape of Ancient Thought, p. 260; der These zur Ausbreitung der Idee vom Nahen Osten nach Indien kann ich mich ob der derzeit ihren Platz in den Geschichtsbüchern der Kulturforschung einfordernden neueren Datierungen des Veda nicht anschließen.

Denken: «er erdachte» (*mesato*). Dies geht mit Parmenides (B13) zusammen, wie man gleich gesehen hat. Doch wiederum hat dies sein Gegenstück im Ägyptischen. Daß Gott ‹sich selbst› erschafft und auch ‹alles›, ist alte ägyptische Theologie. Zu verweisen ist aber vor allem nochmals auf das *Denkmal memphitischer Theologie.* Der Text feiert Ptah als den einen, der mit ›Herz und Lippen‹ die Götter hervorbringt, d.h. durch Denken und Aussprechen.“[22]

Auf welch seltsamen Wegen eine vergleichbare Vorstellung allerdings nach Mittelamerika gelangte, wo sie am Anfang des ›Popol Vuh‹ der Mayas, genauer gesagt, des Stammes der Quiché in Guatemala, überliefert ist,[23] ob sie gar, was als Faktum genauso wenig anerkannt ist, zusammen mit der Kunst des Pyramidenbaus aus dem Alten Orient über den Großen Teich kam, weiß niemand zu sagen. Mit absoluter Sicherheit läßt sich aufgrund der Brüche in der Tradierung des Texts nicht einmal die schlimmste aller Annahmen völlig gesichert zurückweisen, daß sie nämlich eine von christlich Gebildeten nachgedichtete Projektion jüdischer Theologie in die Welt der Indianer

---

[22] W. Burkert, Die Griechen und der Orient, p. 103; cf. idem, Kleine Schriften, 3.108, 3.111 (7. Die altorphische Theogonie nach dem Papyrus von Derveni); zur Überlieferung und Geschichte des ›Derveni-Texts‹ cf. erstgenanntes Werk, p. 84; zweitgenanntes Werk, 3.95-97, 3.110-111.

[23] Zum Weltanfang, wie ihn die Maya sahen, cf. Popol Vuh, ⟨tr.⟩ W. Cordan, pp. 29-31 = ⟨tr.⟩ E. Seler, pp. 44-47. Eine Sammlung amerikanisch-indianischer Weltentstehungsvorstellungen gibt B. C. Sproul, Schöpfungsmythen der westlichen Welt, pp. 139-282; süd- und nordamerikanische Kosmogonien auch bei R. Van Over, SUN SONGS. Creation Myths Around the World, pp. 21-117. Cf. K. T. Preuss, Religion und Mythologie der Uitoto, 1.166-168: Mythen, 1. Die Schöpfung 1-7, Text, Interlinear- und Normalübersetzung. Erste Ansätze eines Nachweises von Analogien zwischen asiatischen und amerikanischen Mythologemen gibt E. Erkes, Chinesisch-amerikanische Mythenparallelen.

darstellt.

Über einen zeitgenössischen Literaturhistoriker hinaus, der für (frühe) Erzählungen ganz allgemein und das ›Popol Vuh‹ im besonderen in Anspruch nimmt, gemäß menschlicher Erkenntnisstrukturen nach generellen morphologischen Prinzipien aufgebaut zu sein und entsprechend der Höhe ihres Alters nicht in die Domäne einer speziellen Kultur zu fallen, sondern Allgemeingut der Menschheit zu sein,[24] möchte ich dies zudem hinsichtlich ihres geisttheoretischen Aspekts vor dem Hintergrund der Sturkturtheorie der Re–flexion tun, ohne auf irgendwelche geschichtliche Zusammenhänge zu rekurrieren.

Wenn ich der Behauptung auch nicht zustimmen kann, daß der uralten ägyptischen Schöpfungslehre von Memphis „ein naturwissenschaftliches Denken“[25] zugrunde liegt, ist zumindest zuzugestehen, daß sie auf eine beobachtende, empirische, beinahe hätte ich gesagt, phänomenologische Methode zurückzuführen ist. Ihr Gegenstandsbereich sind, das kann man doch nicht übersehen, nicht die Phänomene der Natur, sondern in erster Linie die des Geistes.

„Es wird ausdrücklich festgestellt, daß

(ϒ4) bei jedem lebenden Wesen (Mensch und Tier)
(ϒ1_2) die Sinnesorgane
(ϒ3) dem Herzen
(ϒ1_1) Eindrücke vermitteln;
(ϒ3) das Herz durchdenkt das ihm Übermittelte
(ϒ2_2) und formt daraus planende Gedanken, und diese Gedanken
(ϒ2_1) sprechen Zähne und Lippen in Form eines Befehles

---

[24] Cf. J. J. Himelblau, Quiche Worlds in Creation, pp. 66-67.

[25] E. Otto, Altägyptischer Polytheismus, p. 275.

aus, dessen
(ϒ1) Verwirklichung das Gedachte schafft.

So wie dieser Vorgang eine Eigentümlichkeit aller Wesen ist, so zeichnet er in besonderem Maße den Schöpfergott aus, und so sei eigentlich die Schöpfung entstanden."[26] Wie in vielen Legenden vom Uranfang des Kosmos ist hier das geisttheoretische Hintergrundbewußtsein von der Struktur menschlicher Erkenntnis zu den Komponenten und der Aktfolge der Weltschöpfung hypostasiert und auf das Göttliche projiziert. Dadurch läßt sich eine Symmetrie, ja Einheitlichkeit göttlichen, kosmischen und menschlichen Geistgeschehens konstatieren.

Eine Synopse, die in einem Gelehrtenwerk der Gründerzeit moderner Ägyptologie aus zahlreichen Denkmal-Inschriften Ägyptens (die über ca. 750 Druckseiten hinweg vorgestellt und erläutert werden) destilliert wurde, belegt das Gesagte, und damit einhergehend, daß das metaphysische Gespür und Wissen im Zeitalter der kulturwissenschaftlichen Pioniere universalistisch geprägt war und sich trotz einiger Irrtümer, Lücken, wie Fehleinschätzungen im Detail, trotz der durch weltanschauliche Voreingenommenheit und Chauvinismen bedingten Verzerrungen weder vor dem Gros heutiger Partial-, d.h. Fachgelehrter, noch vor den Protagonisten des politisch korrekten Interkultural-Verständnisses zu verstecken braucht,[27] das den

---

[26] E. Otto, Altägyptischer Polytheismus, p. 275, zur Schabaka-Inschrift, Zeilen 54–56.

[27] O. Spann, Gesamtausgabe, 16.74, wertschätzt die gemeinte Abhandlung, indem er schreibt, daß er die meisten seiner Belege zur „mystischen Weisheit der Ägypter … dem sorgfältigen, bis heute nicht erreichten Werk von Heinrich Brugsch" entnommen habe. Leider scheint er, wie Brugsch selbst, übersehen zu haben, daß die Endnoten 84–103 zum ersten Teil der Studie, o.c., pp. 76–99, in allen Auflagen des Werks samt Nachdruck fehlen. Das ist deshalb besonders bedauerlich, weil dadurch die einzigartige Anthologie von Inschriften unbelegt bleibt, die o.c., pp.

Untergrund von Denkhaltungen leider häufig übersieht, weil es von Vertretern seichter intellektueller Interessen, ich will sagen, Uninteressiertheit, gepaart mit Eigeninteresse, vereinnahmt wird und damit das allgemeinmenschliche kulturellen Ausdrucks aus dem Blick verliert.

„Besitzen wir auch keine zusammenhängende Darstellung, weder in poetischer noch in philosophischer Gestalt, welche uns als leitende Führer die nöthigen Aufklärungen über die kosmogonischen Ansichten der Aegypter ihre Dienste zu leisten vermöchten, so genügen die vorhandenen Bruchstücke bei aller beabsichtigten Kürze und Knappheit dennoch vollkommen, um die merkwürdige Thatsache festzustellen, daß die ägyptische Lehre trotz ihrer afrikanischen Wiege nicht einsam dasteht, sondern den engsten Zusammenhang mit den Ansichten der jüngeren und jüngsten Kinder der Weltgeschichte auf europäischem und asiatischem Boden verräth. Der Inhalt dieser Uranschauungen auf Grund der Denkmäler-Ueberlieferungen ist mit wenigen Worten geschildert.

(ϒ4) *Im Anfang war weder Himmel noch Erde. Von dichter Finsterniß umgeben erfüllte das All ein grenzenloses Urwasser* (von den Aegyptern *Nun* genannt), *welches in seinem Schooße*
(ϒ3_2) *die männlichen und*
(ϒ3_1) *weiblichen Keime oder »die Anfänge«*
(ϒ2/1) *der zukünftigen Welt in sich barg.*
(ϒ3) *Der göttliche Urgeist, unzertrennlich von*
(ϒ4) *dem Urstoff des Urwassers,*
(ϒ$\overset{\rightleftarrows}{3}$) *fühlte das Verlangen nach schöpferischer Thätigkeit und sein Wort erweckte*

96–99, zum göttlichen Urprinzip zusammengestellt ist und O. Spann, Gesamtausgabe, 16.74, leicht gekürzt wiedergibt.

(ϒ2)	*die Welt zum Leben,*
(ϒ1)	*deren Gestalt und formenreiche Gebilde sich*
(ϒ3_2)	*in seinem Auge vorher*
(ϒ$\overset{\rightleftarrows}{3}$)	*abgespiegelt hatten.*
(ϒ1)	*Ihre körperlichen Umrisse und Farben entsprachen nach ihrer Entstehung*
(ϒ3_1)	*der Wahrheit d.h. den Urvorstellungen des göttlichen Geistes über sein künftiges Werk.*
(ϒ3)	*Der erste Schöpfungsact begann mit der Bildung eines Eies*
(ϒ4)	*aus dem Urgewässer,*
(ϒ2_2)	*aus dem das Tageslicht* (Rā), *die unmittelbare Ursache* (rā)
(ϒ2_1)	*des Lebens*
(ϒ1)	*in dem Bereiche der irdischen Welt herausbrach.*
(ϒ1½)	*In der aufgehenden Sonne verkörperte sich die Allmacht des göttlichen Geistes in ihrer glanzvollsten Gestalt.*“[28]

Die auffällige Übereinstimmung der Grundvorstellungen über den Ursprung der Welt in der frühen Zeit[29] führt der Autor nicht auf die Wanderung und Verbreitung philosophischer Ideen zurück, die später in gewissem Umfange durchaus stattgefunden habe, sondern „auf eine dem beobachtenden und denkenden Menschen, ohne Unterschied der Nation und des Wohnortes, gemeinsame, weil natürliche Vorstellung“[30]. Daß

---

[28] H. Brugsch, Religion und Mythologie der alten Aegypter, p. 101, gesperrter Text von mir durch die Obliqueschrift eines anderen Fonts wiedergegeben; cf. o.c., pp. 739–742, mit Übersetzung eines Originaltexts.

[29] Übersichten geben B. C. Sproul, Schöpfungsmythen der östlichen Welt; R. Van Over, SUN SONGS. Creation Myths Around the World.

[30] H. Brugsch, Religion und Mythologie der alten Aegypter, p. 102.

diese ‚natürliche Vorstellung' von dem Autor sehr naturalistisch, zu naturalistisch, und damit trivial-sensuell gemeint ist, will ich anzeigen, hier aber nicht weiter kommentieren, da meine gesamte Studie das gerade Gegenteil zu demonstrieren sucht. Als ob ein „göttlicher Urgeist" in der Natur und mit den Sinnen wahrgenommen werden könnte! Wodurch er nach modern-aufgeklärtem Wirklichkeitsverständnis natürlich der Phantastik zuzurechnen wäre ...

Nicht selten findet das positive Schöpfungswerk, wie z. B. das mythische (*muthéomai* = reden, sprechen, sagen) des Welteneitöpfers Ptaḥ, des »Öffners« in der Bedeutung des Bildhauers, Meißlers, Schnitzers,[31] wie wir bereits in der gerade gegebenen Zusammenschau feststellen konnten,

---

[31] Cf. E. A. W. Budge, The Gods of the Egyptians or Studies in Egyptian Mythology, 1.500–501; empfehlenswert ist die Benutzung der Erstauflage, da nur sie viele der wiedergegebenen Bilder in Buntdruck enthält; anschaulich die nächstseitig wiedergegebene Abbildung von o. c., 1.500(a).

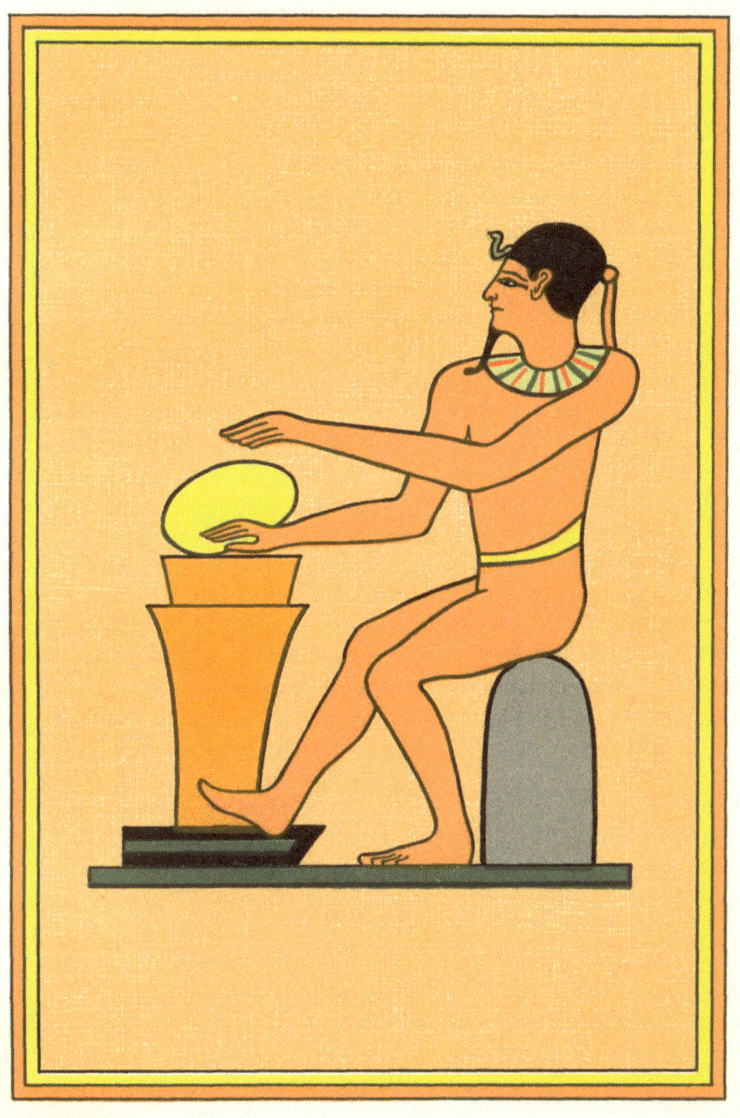

PTAH fashioning the Egg of the World upon a Potter's Wheel, which he works with his Foot.

jedoch auf einem bestimmungslosen Gestaltungsuntergrund, dem ,Noch-nicht-Zustand' von Unsein oder Vorsein, statt, der die ungeschaffene Urbedingung oder (noch) form- wie bildlose, unbehauene ,Roh-'Stoff-Grundlage (Sub–stanz) allen Formens, Bildens, Skulpturierens und Schaffens versinnbildlicht. Auf solche Indefinitfolien möchte ich wenigstens noch ohne Kommentar mit einem Zitat aus der ägyptologischen Fachliteratur aufmerksam machen: „Das Amonsritual des Berliner Pap. 3055, col. 16, 3–4 nennt den Gott den

(ϒ4) »der im Uranfang war, als noch kein [anderer] Gott entstanden war, als noch nicht
(ϒ2) der Name
(ϒ1) irgendeines Dinges genannt war« (...);
(ϒ3) da öffnete der Gott seine Augen und ließ so Helligkeit für die Menschen entstehen usw.

Diese Stelle ist von besonderem Interesse, da sie mit denselben Worten wie das uralte Denkmal memphitischer Theologie (...) vom Ersinnen und Aussprechen der Namen für alle Dinge und deren dadurch bewirkter Schaffung redet; in dem alten Text ist es des Ptah »Mund, der den Namen jedes Dinges nannte« (...). ... Im Tempel von Philae (...) ist es

(ϒ3) Thoth »der entstand
(ϒ4) als noch nicht entstanden war,
(ϒ2/1) was [dann] entstand (...),
(ϒ3_2) der Eine, der
(ϒ2/1) dies Alles
(ϒ3_1) machte«.

... Solche Beschreibung des »Nichts«, aus dem Gott die Welt erschuf, haben wir im Ägyptischen noch an zahlreichen anderen Stellen (...) und wir kennen sie inhaltlich und formal ganz ähnlich in anderen Sprachen (im Hebräischen, Babylonischen, Indischen und im Altdeutschen und Altnordischen (...). Es sind offenbar Urformen der Weltanschauung, ...“[32] Insofern kann es nicht überraschen, Exemplare davon, wie oben bereits erwähnt, auch bei den Indianern Südamerikas vorzufinden.

In der ägyptischen »Stadt der acht« (Khnum) wurde der undifferenzierte Urzustand in einer ersten Auffächerung achtfach unterteilt und in vier paarige Kategorien eines Erzgötterkreises eingeteilt, der unter dem Namen der Götter-Achtheit von Hermopolis bekannt ist. Mit einigem Überschwang der Deutekunst wurde sie neben die alttestamentlichen Chaoskategorien des viel späteren ›Genesis-Berichts‹ gestellt.[33]

---

32 H. Grapow, Die Welt vor der Schöpfung, pp. 36, Nr. 2f ... 37, Nr. 3e ... 34–35; ägyptischer Text und Nachweise in runden Klammern wurden von mir weggelassen; die beiden Ergänzungen in eckigen Klammern sind die des Originals; Ergänzung der Zusammenstellung ägyptischer Texte zum Nichts vor der Weltentstehung mit Texten aus den Kulturkreisen, denen die genannten Sprachen zugehören, auf o.c., pp. 37–38: im Hebräischen: ›Genesis‹; im Babylonischen: ›Enuma Eliš‹; im Indischen: ›Ṛg-Veda‹; im Altdeutschen: ›Wessobrunner Gebet‹; im Altnordischen: ›Edda‹. Metaphysisches anläßlich der Spekulationen Schellings zum Abgrund und Ungrund mit von mir beigefügten Texten aus dem ›Veda‹, der ›Edda‹, zum ›Wessobrunner Gebet‹ und zum Tiefe-Gedanken (玄 *xuán;* 深 *shēn;* 淵 *yuān* etc.) im Daoismus habe ich in H. P. Sturm, Weder Sein noch Nichtsein, pp. 479–495, zusammengetragen.

33 Diese Gegenüberstellung wurde von V. Notter, Biblischer Schöpfungsbericht und ägyptische Schöpfungsmythen, pp. 15–20, vorgeschlagen. Rein Ägyptologisches zur Chaosgötter-Ogdoas, griechische Namen inclusive, bei K. Sethe, Amun und die acht Urgötter von Hermopolis, pp. 42–78.

Urweltzustände ägyptisch – hebräisch (nach V. Notter)

ägyptisch	hebräisch
nun/naunet Urflut, Urgewässer	***tehom*** als Element Wasser
huh/hauhet End-, Grenzenlosigkeit	***tehom*** als uferlose Wassermassen
kuk/kauket Finsternis	***chošek*** Finsternis
niau/niaut (amun/amaunet) Nichts, Verneinung, Leere	***tohu wa bohu*** Nichts, Verneinung, Leere

Zum Themenkreis altorientalischer Herkunftslehren des Alls sei noch angemerkt, daß die Kosmogonien einer weiteren längst versunkenen Kultur, die der Phönikier nämlich, nur noch in wenigen fragmentarischen Beschreibungen viel späterer Zeit vorliegen. Ganz ähnlich den soeben vorgestellten Anschauungen geht die Weltwerdung nach dem phönikischen Gelehrten und Theologen Sanchuniathon aus Berytos/Beirut (eventuell 11. Jh. v. Chr.) vor sich.[34] Der mutmaßliche Originalbericht ist ausschließlich bei dem christlichen Ketzerjäger Eusebius von Ceasarea tradiert. Er stellt einen Auszug aus einem Werk des Philon von Byblos (1./2. Jh.) dar, der sich selbst Herennios nannte. Fast alles andere ist verloren. Nur einige parallel zu lesende Bruchstücke von Eudemos von Rhodos, einem Schüler Aristoteles' zur sidonischen Kosmogonie und dem legendären phönikischen Schriftsteller Mōchos, beides

[34] U. Hölscher, Anaximander und die Anfänge der Philosophie, p. 395, betont ihre Ähnlichkeit mit der babylonischen, hermopolitanischen und hebräischen ›Genesis‹.

überliefert bei Damaskios,[35] wie ein paar Bemerkungen von Porphyrios, ebenso bei Euseb vorfindlich, und wenige Fragmente zum doxischen Umfeld kommen hinzu.

Die Authentifizierung und verbindliche Datierung des Reports sowie die Ermittlung des ursprünglichen Verfassers als Person und seine Verortung in der phönikischen Geschichte ist deshalb so gut wie unmöglich, was die Fachgelehrten nicht davon abhielt, vielmehr geradezu herausforderte, dazu unterschiedlichste und widersprüchlichste Meinungen zum besten zu geben. Einfügungen griechischer Mythologeme sind allein schon aufgrund der Übersetzung aus dem semitischen in den hellenischen Kultur- und Sprachraum wahrscheinlich und erklärlich. Die in der ersten Hälfte des letzten Jahrhunderts entdeckten Texte von Ras Šamra, die aus der frühesten Epoche phönikischer Geschichte (ca. 14. Jh. v. Chr.) stammen, bestätigen wenigstens sporadisch, daß die Darstellungen von Philon, alias Herennios, der ja selbst aus Byblos, einem alten Zentrum des Phönikierreichs stammte, glaubwürdig sind und er aus alten traditionsinternen Quellen schöpfte.[36]

Ausgangspunkt der Weltentstehung nach Sanchuniathon ist eine dunkle, wehende Luft (*aéra zophṓdē kaì pneumatṓdē*), ein düsterer Lufthauch (*pnoḕn aéros zophṓdous*) und ein trübes, finsteres/dunstiges Chaos (*cháos tholerón, erebṓdes*), der unbegrenzte, langandauernde Ewigkeiten/Äonen hindurch kein Ende habende (*ápeira, kaì dià polùn aiõna mḕ échein péras*) Urgrund des Gesamten (*Tḕn tõn 'ólōn archḕn*). Es „steht hier

[35] Cf. Damaskios, De principiis 3.166.1-22 = ⟨ed.⟩ C. E. Ruelle, 1.323, mit den Anmerkungen von J. Combès, Damascius: Traité des Premiers Principes, 3.237-239, notes complémentaires.

[36] Cf. G. Contenau, La Civilisation Phénicienne, pp. 85-86; Diskussion des Forschungsstands bis zu seiner Zeit bei C. Clemen, Die phönikische Religion nach Philo von Byblos, pp. 1-16, Einleitung; J. Sirinelli / É. des Places, Eusèbe de Césarée: La préparation évangélique, 1.303-305, Kommentar zu 1.9 § 21, mit ausführlicher Literaturliste.

am Anfang aller Dinge sozusagen ein Hendiadyoin: äußerlich betrachtet eine Zweiheit: «dunkle, windige Luft und trübes, finsteres Chaos»; aber diese Zweiheit ist Ausdruck des semitischen Parallelismus membrorum und meint den Einen Ur-Zustand der Welt. ... Zu diesem Ursprungsbegriff nun gehört seit alters die Vorstellung der gähnenden Tiefe; das Anfängliche ist unten; unten sind die 'Quellen' und 'Wurzeln' aller Dinge. Es liegt für unsere Zwecke wenig daran, ob Hölscher recht hat mit seiner bestechenden Vermutung, die Urmächte Apsû und Tiâmat im babylonischen Mythos bezeichneten ursprünglich nicht Süßwasser- und Salzwasserozean, sondern den Abgrund – für diese mehr räumliche Bedeutung von Apsû kann er die sumerischen Lexika ins Feld führen – und das Urmeer, also ebenfalls eine Zweieinheit ähnlicher Art. Wichtiger für uns ist, daß zum Bild dieses Urzustands als des Urgrunds und Mutterschosses, der von allen Dingen trächtig ist, Nebenvorstellungen gehören wie dunkel, windig und grenzenlos. Am reichsten entwickelt ist in dieser Beziehung die Kosmogonie der Priesterschaft von Schmun-Hermopolis."[37]

Die kosmogonische Anfangskonstellation der Phönikier weist in den erhaltenen Fragmenten einige Abweichungen auf. „Der Bericht des Eudemos .. und der zweite des Mochos stimmen insofern mit dem des Philo überein, als jener »Zeit« (Χρόνος), »Sehnsucht« (Πόθος) und »Nebel« (Ὀμίχλη) an den Anfang stellt und aus der Vermischung von »Sehnsucht« und »Nebel« »Luft« (Ἀήρ) und »Hauch« (Αὔρα) hervorgehen läßt und dieser »Äther« (Αἰθήρ) und »Luft« (Ἀήρ) und dann die »Winde«, nämlich »Urwind, Westwind und Südwind« (Ἄνεμος

[37] F. Lämmli, Vom Chaos zum Kosmos, 1.32, mit Hinweis auf U. Hölscher, Anaximander und die Anfänge der Philosophie, p. 396², der o.c., p. 394, den semitischen Parallelismus membrorum der phönikischen Kosmogonie nach Philon von Byblos mit Hilfe einer Versanordnung des Texts einsichtig zu machen sucht.

ὁ εἷς, Λίψ καὶ Νότος), zuerst da sein läßt. Überall, auch bei Eudemos, wo »Sehnsucht« (Πόθος) offenbar dem phönizischen *rûaḥ* »Wind« entspricht, spielt der Chaoswind eine große Rolle. Philo und Eudemos stimmen darüber hinaus noch darin mit Gen. 1, 2 überein, daß auch sie von der Grenzen- und Formlosigkeit (»Das Unbegrenzte« dort, »Die Zeit« hier), von der Dunkelheit (»Finsteres« dort, »Nebel« hier) und von der Wäßrigkeit (»Schlammiges« dort, »Nebel« hier) des Chaos zu sagen wissen. Es liegt also offenbar der biblischen und der phönizischen Kosmogonie dieselbe Vorstellung vom Chaos zugrunde, und bei der nahen Verwandtschaft der beiden wird man das wohl aus historischen Zusammenhängen erklären müssen, wie immer diese auch zu denken sein mögen."[38]

Aufgrund einer Windung/Schlinge (*plokḗ*), so weiter nach Sanchuniathon, die dadurch zustandekam, daß der Wind, das Pneuma/Wehen, sich liebend nach seinen eigenen Anfängen/Enden sehnte (*ērásthē tò pneũma tõn idíōn archõn*), fand eine Verbindung/Verschmelzung (*súgkrasis*) statt, welche Sehnsucht (*póthos*)[39] genannt wurde. „Sind demnach Luft und Chaos als Einheit zu denken, so ist es mit Pothos doch etwas anders. Er ist eine eigene Gestalt und Gottheit. … »Als der Odem nach sich selbst begehrte – da entstand Begehren«: so ungefähr mag

[38] O. Eissfeldt, Kleine Schriften, 2.259–260 (Das Chaos in der biblischen und in der phönizischen Kosmogonie).

[39] Von O. Eissfeldt, Kleine Schriften, 2.259&5 (Das Chaos in der biblischen und in der phönizischen Kosmogonie), wie im Haupttext bereits anklang, als phönikische *ruaḥ* identifiziert, dabei an arab. *hawā, hawija,* »wehen« wie gleichfalls »lieben«, erinnernd. Die gleichen Entsprechungen werden anschließend von mir noch anläßlich des Zusammenhangs zwischen der jüdischen und ägyptischen Kosmogonien dokumentiert. Wäre die Abfolge dieses Schöpfungsmythos nicht so verworren, so könnte man hier, abweichend von der Eudemischen Legende, in welcher die Sehnsucht ganz am Anfang steht, orphischen Kosmogonien, wie noch dargestellt werden wird, ähnlich, ein Prinzip erwarten, wie es Eros in letzteren verkörpert.

die Vorlage die Geburt des Pothos erzählt haben."[40] Dieses Begehren war Anfang/Urgrund der gesamten Schöpfung (*archḕ ktíseōs 'apántōn*). Sie wurde vom Pneuma/Wehen selbst aber nicht erkannt (*Autò dè ouk eginōske tḕn 'autoũ ktísin*). Aus seiner (Selbst-)Umschlingung/Verwicklung entstand Mōt (*ek tẽs autoũ sumplokẽs ... egéneto Mṓt*). Mōt wurde der Form eines Eies gleich gestaltet und leuchtete auf, und nun auch die Sonne, der Mond, das Gestirn und die großen Sternbilder (*Kaì aneplásthē 'omoíōs ōjoũ schḗmati · kaì exélampse Mṓt, 'ḗliós te kaì selḗnē astéres te kaì ástra megála*). Es wurde von den einen als Schlamm (*ilún*), von den anderen als Fäulnis von wäßriger Mischung (*'udatṓdous míxeōs sẽpsin*)[41] bezeichnet, woraus wiederum die gesamte Saat, alle Samenkörner der Schöpfung und Entstehung des Ganzen ward (*pãsa sporà ktíseōs kaì génesis tõn 'ólōn*), gewisse Wesen ohne Empfindung/Sinne (*tina zõa ouk échonta aísthēsin*) und daraus Verstandeswesen (*ex 'õn egéneto zõa noerá*), die Himmelsbeobachter (Zōphēsamín/*ouranoũ katóptai*).[42]

Der Urwind dieser Kosmogonie, der sich auf sein eigenes (Schwanz-)Ende zurückwindet und sich wie eine Ourobóros-Schlange (in sich) selbst verschlang, um anschließend an die anzunehmende Selbstbefruchtung einen Samen in Form eines

---

40 U. Hölscher, Anaximander und die Anfänge der Philosophie, p. 396.

41 Nach O. Eissfeldt, Kleine Schriften, 1.507 (Phönikische und griechische Kosmogonie), bedeutet dies „so etwas wie »Gallertartiges Gebilde«, »Bibber«".

42 Cf. Eusebeios, Praeparatio evangelica 1.10.1-2 (33b-d), o.c. 1.9.19-1.10.55 (30-42); 〈ed./tr.〉 C. Clemen, Die phönikische Religion nach Philo von Byblos, pp. 16-39 (Fragmentesammlung und deutsche Übersetzung zu Sanchuniathon aus Philon von Byblos und Porphyrios); H. Ewald, Abhandlung über die Phönikischen Ansichten von der Weltschöpfung und den geschichtlichen Werth Sanchuniathon's. Kurzübersichten bei W. Staudacher, Die Trennung von Himmel und Erde, pp. 16-18; H. Schwabl, Weltschöpfung, coll. 1495-1497.

Ureis zu legen, ist innerhalb antiker Kosmosvorstellungen keine Besonderheit. Die Zusammengehörigkeit von Wind und Schlange,[43] Amun, Kematef/Knēph/K(a)mēphis und dem Urei,[44] die später auch in der Orphik vorkommt,[45] ist aus Ägypten bekannt. Ebenso aus dem Nilland die dem gleichen Symbolkreis zugehörige Selbstbesamung Atum's, des „noch nicht Vorhandenen", des „eine Gesamtheit Seienden", des „nicht Vollendeten, der vollendet wurde", in den eigenen Mund, die zu seiner Schwangerschaft und an ihrem Ende zum Ausspucken von Schu (Luftraum/Atmosphäre) und Tefnut (Nasses/ Feuchtes) führt.

„Sanchunjaton geht in der Einheit des Ursprungs insofern noch weiter als das Epos der Babylonier, als bei ihm die Zeugung nicht durch Vereinigung getrennter Wesen geschieht, sondern durch eine Art Selbstbefruchtung der Luft. Selbstbefruchtung gehört zu den ältesten kosmogonischen Vorstellungen: sie findet sich in Ägypten als Masturbation des Sonnengottes in der Kosmogonie von Heliopolis und in Darstellungen einer kreisförmig zu sich selbst zurückgebogenen ithyphallischen Gottheit."[46] Wollte man solche Mythologeme

---

43 Zu den phönikischen und ägyptischen Vorstellungen von Schlangengöttern cf. auch Eusebeios, Praeparatio evangelica 1.10.45-51 (40d-41d).

44 Cf. K. Sethe, Amun und die acht Urgötter von Hermopolis, pp. 26-27, 63, 92 & Index, p. 129, s.v. Schlangen. Zur Integration von Kematef in die griechische Philosophie cf. J. Combès, Damascius: Traité des Premiers Principes, 3.240-241, notes complémentaires, zu p. 167[5].

45 Rekonstruiert von R. Eisler, Weltenmantel und Himmelszelt, 2.396-399.

46 U. Hölscher, Anaximander und die Anfänge der Philosophie, p. 396; zu Ägyptischem auch A. M. Frenkian, L'Orient et les origines de l'idéalisme subjectif dans la pensée européenne, 1.85, 1.88, mit Verweisen auf Originaldokumente; thematische Ähnlichkeiten dazu sind, wie W. Burkert, Kleine Schriften, 3.101-106 (7. Die altorphische Theogonie nach

in philosophischer Terminologie ausdrücken, so müßte man auf den Geist und dessen spezifische Funktion des Selbstbewußtseins in seiner Dreiphasen-Autopoiesis des Sich-Selbst-Wissens (Erkanntes–Erkenner–Erkennen) stoßen. Von den Orphikern ausgehend, wurde die Windschlange, die Windschlinge oder Windverschlingung, wie später noch gezeigt werden wird, sogar zur bildhaften Einkleidung einer materialistischen Theorie um den Weltanfang in der hellenistischen Philosophie benutzt.

Die Entfaltungslogik der Stadien der Kosmogonie von Sanchuniathon ist konfus. Unter anderem wurde in der Forschung diskutiert, ob es sich um wenigstens zwei, wenn nicht gar drei ineinander geschachtelte Weltwerdeberichte handelt,[47] und sich das Auftauchen des Eies (*Mōt*) zwischen dem luftig-raumartigen und dem flüssig-erdmassigen Urelement einem (redaktionellen) Einschub verdankt. Anläßlich des Zweifels, „daß das übliche Verständnis der Eigestalt, die Sanchunjaton dem Môt zuschreibt, als sei hier Môt als das Weltei der orphischen Kosmogonien gedacht, keineswegs sicher ist, die Angabe Sanchunjatons vielmehr möglicherweise oder gar wahrscheinlich sich nur auf die Form des Urschlamms Môt bezieht, aber im übrigen mit der orphischen Weltei-Vorstellung nichts gemein hat."[48] ist die Frage aufzuwerfen, ob der Vergleich hier richtig angestellt ist, nämlich mit dem orphischen Weltei, gibt es doch auch andere und sogar frühere orientalische Kosmogonien, die mit dem Ei als einem Prinzip operieren, das in irgendeinem Urstoff vorhanden ist oder von einem Urwesen gelegt wurde

---

dem Papyrus von Derveni), zeigt, in orphischem Sagengut vorfindlich.

[47] Cf. U. Hölscher, Anaximander und die Anfänge der Philosophie, pp. 396-397.

[48] O. Eissfeldt, Kleine Schriften, 1.509 (Phönikische und griechische Kosmogonie).

und aus dem die Welt hervorgeht.

Allein schon durch die Umstellung eines Satzes, das Vorziehen des Chthonisch-Feuchten (Schlamm/Fäulnis) nämlich und Einfügen in die Aufzählung der aerial-zephyrischen Elementarqualitäten (Wind, Dunkelheit, [Luft-]Raum), ergäbe sich ein einigermaßen folgerichtiger Ablauf des Urgeschehens. Will man einen solchen Eingriff in den Text vermeiden, so bleibt die Überlegung, ob die beiden Charakterisierungen der Ausgangskonstellation nicht als zwei Fassungen eines uranfänglichen Gemengsels und eine magisch-poetische Wiederholung zu verstehen sind, wie wir sie ähnlich zu Beginn des ›Gilgamesch-Epos‹ vorfinden. Folgerichtig geordnet, ergäbe sich ein Geschehensprozeß von der Uroffenheit und dem Urluftzug über die Selbstverschlingung und damit Selbstkonturierung wie Selbstsetzung und Selbstzersetzung qua Drang zur Absetzung des Eies samt Urkeimen als Prinzip von Fruchtbarkeit und Entstehung bis zu dem, was daraus hervorgeht, das Himmelszelt mit den Himmelskörpern und zweierlei Arten von archetypischen Wesen, solche ohne und solche mit Geist, von denen die mit Verstand begabten nach einer meteorotropen Ereignisfolge durch das Krachen von Donnern erschrecken und sich in Männliches und Weibliches (*árren kaì thē̃lu*) geschieden auf der Erde und im Meer zu bewegen beginnen.

Die sterblichen Menschen (*thnētoùs ándras*), Zeit/Leben (*Aiṑn*) und Erstgeborener (*Prōtógonos*) genannt, werden später aus dem Wind (*Kolpia*) und seiner Frau Nacht (*Baau*) geboren. Damit sind wir bei Schöpfer(gott)gestalten angelangt, die dem Kosmos und der temporalen Bedingtheit verbunden sind. Aus dieser Prinzipienkonstellation gingen, um den Prozeß nun zu Ende zu bringen, Gattung (*Génos,* männlich) und Geburt (*Geneá,* weiblich) hervor und aus dem Geschlecht des Ewigen (*Aiṑn*) und Erstgeborenen (*Prōtógonos*) weitere Nachkommen, Licht (*Phō̃s*), Feuer (*Pũr*) und Flamme/Glut(-hitze) (*Phlóx*) usw. usf.[49] Vieles davon klingt ziemlich orphisch, wobei natürlich zu fragen ist, wie hier die Abhängigkeitsverhältnisse gelagert sind, ob es sich um spätere Einsprengsel handelt oder um Übernahmen aus dem Früheren.

Als letzte und historisch betrachtet jüngste der präsentierten altorientalischen Schöpfungsgeschichten möchte ich den bereits angesprochenen ersten, elohistischen Genesis-Bericht des ›Alten Testaments‹ erwähnen, der uns in der priesterschriftlichen Redaktion des 6./5. vorchristlichen Jahrhunderts, so die ungefähre Datierung heute, vorliegt. Dabei halte ich es nicht für einen exegetischen oder hermeneutischen Vorteil, diesem durch religiöse Einflüsse aus dem Orient auf den europäischen Kulturkreis, gemeint sind die christlichen, auf dem Judentum basierenden, besonders nahezustehen, da das ideologische Milieu die Wahrnehmungsselektivität, wie man nur allzu gut weiß, doch nicht wahrhaben will, auf perfideste Weise bestimmt und von Apologeten (und solche sind institutionelle Theologen aller Glaubensrichtungen kraft ihres Amtes grundsätzlich) eher das in einen Text hineingelesen wird, was man geneigt ist zu glauben, was heißt, daß das Ergebnis vor der Untersuchung schon feststeht.

In besagter Kunde der ›Tora‹, die hier nicht nach der derzeit obligatorischen jüdischen oder christlichen Lesart, sondern, soweit das bei der vorliegenden Konfusion der geschilderten Vorgänge möglich ist, naheliegenderweise nach den Bauplänen ihr vorhergehender Weltentstehungssagen (und dem noologischen Urparadigma all dieser im Hinterkopf) rekonstruiert wird,

(ϒ3) reden die Elohim (אֱלֹהִים *ᵓᵋlohʸm*), Gott, eigentlich Plural (majestatis?): die Götter oder Götterschar, die

[49] Cf. Eusebeios, Praeparatio evangelica 1.10.4–9 (33d–34d); ⟨ed./tr.⟩ C. Clemen, Die phönikische Religion nach Philo von Byblos, pp. 19–21.

Welt in einem sechstägigen Selbstgespräch vor sich hin, indem sie aus

(ϒ4) dem Vorweltchaos:

(ϒ4$_{(1)}$) der Wüste und Leere (תֹהוּ וָבֹהוּ *tohu^w wɔbohu^w*) auf der Urerde wie

(ϒ4$_{(2)}$) der Finsternis (חֹשֶׁךְ *ḥošɛk*) auf/über der Oberfläche, dem Antlitz (פְּנֵי *p^{e}ne^y*),

(ϒ4(z/ı1)) der Abgrundflut (תְהוֹם *t^{e}ho^{w}m*) und

(ϒ4$_{(1½)}$) den Wassern (מַיִם *mɔyim*), auf/über deren Oberfläche/Antlitz

(ϒ$\overrightarrow{3}$) der stärkste Wind bzw. Elohim Geist(hauch)(רוּחַ *ru^{w}aḥ*) (hin und her) wehte, flatterte, schwebte oder brütete (מְרַחֶפֶת *m^{e}raḥɛpɛt*),

(ϒ2½) »Licht« (אוֹר *ʾo^{w}r*)

(ϒ3$_2$) sagend (יֹאמֶר *yoʾmɛr*),

(ϒ2) die Himmel (מַיִם *mɔyim*) und

(ϒ1) die Erde (אֶרֶץ *ʾɛrɛṣ*) in ihrer topologischen Gegenstellung durch Trennung schaffen (בָּרָא *bɔrɔʾ*)[50] die Scheidung des Lichts von der Dunkelheit (חֹשֶׁךְ *ḥošɛk*) vornehmen, so daß die lichtrhythmische Polarität von Tag יוֹם *yo^{w}m*) und Nacht (לַיְלָה *lɔy^{e}lɔ^h*) entsteht,

[50] Cf. W. Staudacher, Die Trennung von Himmel und Erde, p. 15, mit Angabe von vier Belegstellen in der dazugehörigen Fußnote 9: „Ebenso lautet Genesis I, 1 in getreuer Übersetzung: »Im Anfang schnitt (barà) Gott Himmel und Erde …«“; die etymologische Wurzelbedeutung »trennen« für *bārā* wird in einem Standardwerk der alttestamentlich-theologischen Forschung, cf. K.-H. Bernhardt, בָּרָא II.1., 1.773, für wahrscheinlich gehalten. J. v. Kempski, Zimzum: Die Schöpfung aus dem Nichts, pp. 1109-1110: „Deshalb bliebe es problematisch, das Untere mit dem Tohuwabohu zu identifizieren, wie es der Text in gewissermaßen logischer Auslegung zu sagen scheint – ebensogut könnte die Tat des Anfangs in einer ersten Differenzierung des Chaos nach oben und unten bestehen, wie man denn auch nicht verfehlt hat darauf hinzuweisen, daß das erste Kapitel der ›Genesis‹ von einer Schöpfung aus dem Nichts zumindest nicht spreche.“

> eine weitere Differenzierung in einzelne Naturreiche durchführen und diesen bewegliche oder lebendige Körper zuteilen.[51]

Wie nicht eigens betont zu werden braucht, sondern sich auf den ersten Blick aufdrängt, ist der Schöpfungsmythos der Israeliten sehr stark von einigen wesentlich älteren orientalischen Grundgedanken geprägt. Von dem akkadischen Weltentstehungshymnus ›Als droben/Enuma Eliš‹ weiß die Forschung heute einigermaßen sicher, daß er den Verfassern bzw. Redakteuren des elohistischen Genesis-Berichts bekannt war. „In der Tat bestehen zwischen der biblischen Kosmogonie und der babylonischen, die überdies mit jener wurzelverwandt sein wird, historische Zusammenhänge, wie schon der Umstand zeigt, daß hier das Chaosungeheuer *tiāmat*, dort die Chaosflut *tehôm* heißt, also beide denselben Namen tragen, und daß hier Gott Marduk die Tiamat spaltet und aus ihrer oberen Hälfte den Himmel, aus ihrer unteren die Erde bildet, dort aber Gott durch die Urflut eine Feste zieht und so die bis dahin einheitliche Tehom in Himmel und Erde zerlegt."[52]

---

[51] Cf. Gn 1–2, besonders 1.1–4, ⟨ed./tr.⟩ R. M. Steurer, Das Alte Testament, Interlinearübersetzung Hebräisch-Deutsch, 1.3; Schreibweise des Hebräischen von dort mit allen diakritischen Zeichen der relevanten Stelle übernommen; meine Skalierung ist entsprechend der Rekonstruktion konjektural; die Abgrundflut ist mit einem auf dem Kopf stehenden Index versehen. Einige wohlbegründete, sich dennoch widerstreitende exegetische Varianten dieser Genesis-Legende werden im Verlaufe meiner Darstellungen ohne Beurteilung ihres Zutreffens noch mitgeteilt. Die gängige Übersetzung der allseits bekannten ersten drei Verse wird gleich noch vorgelegt.

[52] O. Eissfeldt, Kleine Schriften, 2.260 (Das Chaos in der biblischen und in der phönizischen Kosmogonie); einen kompetenten Vergleich der Schöpfungswerke im ›Enuma Eliš‹ und dem ersten alttestamentlichen Genesis-Bericht stellt L. W. King, Enuma Elish, 1.LXXXI–XCIII, an. Eine Übersicht über einhundert Jahre vergleichender Forschung zum

Anklänge an Ägyptisches sind ebenso unüberhörbar. „Die Parallele zwischen Amun, dem schöpferischen Lufthauch über dem Urgewässer Nun, und dem hebräischen Jahwe als dem »Hauch Gottes« über dem Wasser erscheint so stark ausgeprägt, daß, wenn für die Gottesvorstellung ein ägyptisches Vorbild gesucht werden soll, nur an Amun gedacht werden kann. ... Daß auch Jahwe ursprünglich nichts anderes als die Luft oder der Wind war, legen ja die Bezeichnung *rūaḥ 'elōhîm*, Stellen wie 1. Kön. 19, 12, und der von EWALD und WELLHAUSEN gewiß richtig mit dem arabischen Wortstamm هوى (*hwj*) »wehen« (wovon هَوَاء *haṷā'* »Luft«, »Luftraum« zwischen Himmel und Erde, der ägyptischen Vorstellung des Schu genau entsprechend) zusammengebrachte Name des Gottes nahe."[53]

Der Sachverhalt, daß die frühen Werdespekulationen des Kosmos hinsichtlich der Bestimmung des unbestimmten Ungrunds und des bestimmenden Erstgrunds, der Ur-Sache,

---

Verhältnis des ›Enuma Eliš‹ zum alttestamentlichen Schöpfungsbericht gibt J. H. DeLano, The "Exegesis" of "Enuma Elish" and Genesis 1 – 1875 to 1975. Die tatsächliche Zahl von Vergleichen, Kommentaren und Studien ist allerdings unendlich größer als diese Studie suggeriert, da in ihr kaum nicht-angelsächsische Beiträge referiert werden. Erwähnenswert ist das Werk von I. Rapaport, The Babylonian Poem Enuma Elish and Genesis Chapter One, ob seiner vehementen Leugnung jeglichen babylonischen Einflusses auf die jüdische Schöpfungsmythe, ja Umkehrung der Beeinflussungsverhältnisse, was ob des derzeitigen Stands der historischen Forschung nicht nur gewagt, sondern kurios und grotesk ist.

[53] K. Sethe, Amun und die acht Urgötter von Hermopolis, pp. 126 § 281 ... 120 § 257; cf. o.c., pp. 119-122 §§ 255-260. V. Notter, Biblischer Schöpfungsbericht und ägyptische Schöpfungsmythen, pp. 36-41, versucht die durchgängigen Ähnlichkeiten zwischen ägyptischen und altjüdischen Weltschöpfungsvorstellungen, u.a. die Parallelität zwischen dem enneadischen Götterkreis von Heliopolis und den neun Schöpfungswerken der ›Genesis‹ aufzuweisen; das nicht ohne exegetisch Grenzwertiges. Die Götterenneade von Heliopolis als Kosmogonie diskutiert W. Barta, Untersuchungen zum Götterkreis der Neunheit, pp. 196-205.

weltweit nicht einheitlich sind bzw. nicht einheitlich rekonstruiert werden können – die Problematik wird uns weiter begleiten –, schlägt sich in differierenden Forschermeinungen zu deren Über-, Unter- oder Gleichordnung nieder. Insofern wird die zur Auffindung fremdkultureller Einflußfaktoren auf den ersten alttestamentlichen Genesisbericht wichtige Frage, ob die altorientalischen Übervatergötter (im Stile des jüdischen Gottes, wie man ihn seit längerem versteht)[54] grundsätzlich vor dem/n Urelement/en (ent-)steht,[55] kontrovers beantwortet. Nach einigen einschlägigen Hieroglyphentexten ist dies hinsichtlich der Urwasser, in Ägypten Nun genannt, offensichtlich nicht der Fall. Demgemäß wird auch die ernstzunehmende mythologische Gegenthese vertreten, daß Nun, die noch unterschiedslose Wasserflut, immer zuerst war.[56] Der Mittelweg der Auslegung bestünde darin, die (syzygische) Gleichursprünglichkeit der beiden vorweltlichen Primärfaktoren von Schöpfer und dem, woraus und womit geschaffen wird, anzunehmen.

Die älteren orientalischen Vorlagen geben also durchaus Anlaß dazu, die Genesismythe des ‚Alten Bundes' so auszulegen, daß die Elohim kraft und/oder in Form ihrer kinetischen oder kalorischen Wind-, Hauch- oder Geistenergie das urelementare Chaos (Leere/Öde, Finsternis, Abgründigkeit,

---

[54] J. D. Colditz, Kosmos als Schöpfung, pp. 65–66 (mit sekundärwissenschaftlichen Nachweisen), versucht die Idee der Schöpfung aus dem Nichts an der alttestamentlichen Urschöpfung (*bara*) in der Weise festzumachen, daß er sie qua Schöpfung durch das Wort und den Geist/Hauch Gottes (*ruah*) als auslösenden, treibenden Faktor und aktives Prinzip für das Schöpfungswort interpretiert.

[55] Wie von V. Notter, Biblischer Schöpfungsbericht und ägyptische Schöpfungsmythen, pp. 21–35, behauptet und von P. Copan / W. L. Craig, Creation out of Nothing, mit vielen (vermeintlichen) Argumenten gestützt.

[56] Cf. S. Sauneron / J. Yoyotte, La naissance du monde selon l'Égypte ancienne, pp. 22–28.

Wasser) nicht bewirkten, sondern auf dieses nur einwirkten. „Die ersten drei Verse der Bibel lauten in der uns vertrauten Übersetzung Luthers: »[1] Am Anfang schuf Gott Himmel und Erde. [2] Und die Erde war wüst und leer, und es war finster auf der Tiefe, und der Geist Gottes schwebte auf dem Wasser. [3] Und Gott sprach: Es werde Licht! Und es ward Licht«. Aber es darf als ausgemacht gelten, daß in Wahrheit V. 1 Vordersatz ist, V. 2 als Parenthese das vor Beginn der Schöpfung vorhandene Chaos beschreibt und V. 3 den Nachsatz zu V. 1 bildet, daß V. 1–3 also zu übersetzen sind: »[1] Als Gott Himmel und Erde schuf, – [2] die Erde war aber wüst und leer ... –, [3] da sprach Gott ...«. Weiter ist es zum mindesten sehr wahrscheinlich, daß das letzte Drittel von V. 2 »und der Geist Gottes schwebte auf dem Wasser« (...) tatsächlich mit »und ein mächtiger Wind fegte über dem Wasser dahin« wiedergegeben werden muß, indem *rûaḥ* hier nicht als »Geist«, sondern, wie an vielen anderen Stellen des ›Alten Testaments‹, als »Wind« und *'aelōhîm* nicht als »Gott«, sondern, wie ebenfalls öfter, als Umschreibung eines Superlativs zu verstehen ist. Dann charakterisiert V. 2: »Die Erde {Gemeint ist das, was anstelle der späteren Erde war, also das Chaos, für das die hebräische Sprache kein Wort hat.} war aber wüst und leer, und Finsternis war über der Urflut, und ein mächtiger Wind fegte über dem Wasser dahin« das Chaos als eine formlose und sterile, in Finsternis gehüllte und vom Sturm gepeitschte flüssige schlammige Masse. Ganz ähnlich wird in der phönizischen Kosmogonie der Zustand des Urchaos beschrieben.“[57] Der Status bzw. das

[57] O. Eissfeldt, Kleine Schriften, 2.258 (Das Chaos in der biblischen und in der phönizischen Kosmogonie), mit Übersetzung von Gn 1.1–3; o.c., 2.258[2], von mir zwischen geschweiften Klammern in den Haupttext integriert; die Auslassungspunkte sind bis auf die drei in runden Klammern solche des Originals; K. Galling, Der Charakter der Chaosschilderung in Gen. 1,2, pp. 152–157, schließt sich der Deutung des vierfachen Urzustands von Chaos, Finsternis, Tiefenwasser und Wind (nicht Geist)

Stadium, den/das der (Geist-)Windhauch (*ruah*) in der Sequenz der kosmogonischen Elemente und Funktionen innehat und das Verhältnis, in dem er zu den Elohim steht, wäre selbstverständlich noch genau zu klären, falls sich das nur irgendwie als möglich erweisen würde.

Spätestens jetzt, nach drei gleichermaßen plausiblen Demonstrationen dreier verschiedener kultureller Fremdeinflüsse, des babylonischen, ägyptischen und phönikischen, auf die altjüdische Schöpfungslegende durch jeweils namhafte, ja namhafteste Forscher, sollte man in den unvoreingenommenen relevanten Wissenschaftszweigen dazu übergehen, nicht nur die Filiationen antiker Lehren historistisch zu betrachten, führte das doch augenscheinlich zu einem fürchterlichen Theorien-Tohuwabohu und Widerstreit von Forschungsergebnissen, sondern deren Bildeprinzipien und Typik, um Aufschlüsse über deren Bedeutung für den menschlichen Geist zu gewinnen, was hier von mir denn auch initiiert wird. „Die vertraute Stelle von Genesis 1:1–2 beschreibt den Weltanfang lebhaft: »Am Anfang erschuf Gott die Himmel und die Erde. Zu der Zeit war die Erde formlos und leer, Finsternis war über der Oberfläche der Tiefe und der Geist Gottes schwebte über den Wassern.« Diese judeo-christliche Mythe zeigt eindrucksvolle

---

an und interpretiert in Richtung Nichts, d.h. *creatio ex nihilo*, um einen Dualismus zu vermeiden. Folgende Übersetzung der ersten beiden Genesis-Verse schlägt J. Bottéro, La naissance du monde selon Israel, p. 192[7], vor: „«Am Anfang der Schöpfung von Himmel und Erde durch Elohim war die Erde wüst und leer ...etc.»" J. Klowski, Zum Entstehen der Begriffe Sein und Nichts und der Weltentstehungs- und Weltschöpfungstheorien im strengen Sinne, pp. 242–248, diskutiert, ob im ›Genesis‹-Bericht eine *creatio ex nihilo* vorliegt und verwirft die Annahme unter anderem mit Bezugnahme auf die zitierte Stelle bei Eissfeldt; die von ihm vorgetragene begriffsgeschichtliche Begründung wird der metaphysischen Bedeutung des Problems m. E. allerdings nicht gerecht, was übrigens für alle von diesem Autor behandelten Philosopheme und Mythologeme zutrifft.

Ähnlichkeiten zu ṚV [Ṛg-Veda] X.129 und erwähnt alle maßgebenden Elemente des Urzustands: Wasser, Schöpfer und sein Geist, Dunkelheit und Leerheit.“[58]

[58] Yao Zhihua, One, Water, and Cosmogony, p. 7; meine erläuternde Ergänzung in eckigen Klammen; cf. J. Gonda, Selected Studies, 3.418[39] (De kosmogonie van Ṛgveda 10, 129).

2 Leere und Urei
Nahöstlich-‚fernwestliche'
Kosmogonie-Hybriden?

Bei der nachweislichen Ähnlichkeit einzelner Typen weltweit vorfindlicher antiker Mythologeme und Philosopheme, besonders kosmogonischer Natur, konnte es in der literarhistorischen Forschung natürlich und glücklicherweise nicht ausbleiben, daß die ägyptische Vorstellung von der Erschaffung der Welt durch den Geist-Logos-Akt Ptaḥ's zu Schöpfungsgedanken anderer Kulturen in Beziehung gesetzt wurde, indischen Ideen von der Hervorbringung des Alls aus dem Geist, der chinesischen Weltentstehungsmythologie und -metaphysik des Daoismus in seiner Verbundheit mit dem frühzeitlichen Kult der aus den Wassern entstandenen Muttergottheit und ihren Begleiterscheinungen (Ei- oder Lotusgeburt und Gefäß/Topf als unerschöpflicher Schoß der Natur), der alexandrinischen Logos-Spekulation.[1] Da die Zahl kosmogonischer Typen einigermaßen begrenzt ist, was an der durch die Grundidee bedingten Beschränktheit der in Frage kommenden Bildeprinzipien liegen dürfte, können solche Ähnlichkeiten nicht überraschen. Für die im Westen relevanten Herkunftslegenden der Welt werden in einem Standardwerk nur fünf Urtypen angegeben: a) Trennungsmythos von Himmel und Erde; b) Wasserkosmogonien; c) Vorstellungen vom kosmogonischen Ei und Weltkeim; d)

---

[1] Eine kleine Sammlung wissenschaftlicher Versuche des letzten und vorletzten Jahrhunderts zum Zwecke eines Aufweises von Ähnlichkeiten genannter kulturspezifischer Schöpfungsmythen findet sich bei D. A. Mackenzie, Myths of China and Japan, pp. 302–305.

Weltenbaum; e) Demiurg(en).[2] Ein international renommiertes Nachschlagewerk verzeichnet sechs allgemeine Typen kosmogonischer Mythen: a) Schöpfung aus nichts; b) aus dem Chaos; c) aus einem kosmischen Ei; d) durch Welteltern; e) durch einen Vorgang des Auftauchens/Erscheinens; f) vermittels eines ins Wasser hinabtauchenden (Tier-)Wesens, eines Erdtauchers. Reinformen seien selten, Mischformen überwögen.[3] Diese Einteilung ist jedoch sehr grob und letztlich unzureichend. Unter Berücksichtigung genauerer inhaltlicher Bestimmungen des Werdevorgangs, der dabei zum Einsatz kommenden Hilfsmittel und Materialien, erhöht sich die Zahl nachweislicher Formen von Kosmogonien nämlich beträchtlich. So findet sich in einer Studie zum Einfluß des Orients auf das Denken der Griechen eine Liste von immerhin fünfzehn Arten, die zwei Hauptgruppen subsumiert sind.

A) Schöpfungsarten, die von einer präexistenten Grundlage oder einer Urmaterie ausgehen:

1. Zusammenfügung (Konstruktion; Modellierung; Weben; Herstellung: a) Veränderung, b) Zusammensetzung und Trennung);
2. Masturbation;
3. Speichel;
4. Tränen; Schweiß; brütend-hitzige/angestrengte Meditation oder Kochen/Braten;
5. geschlechtliche Vereinigung;
6. Opfer;
7. kosmisches Ei;

[2] Cf. H. Schwabl, Weltschöpfung, coll. 1508–1513 (mit Literaturangaben).

[3] Cf. C. H. Long, Cosmogony, col. 94d; genannter Verfasser gibt in diesem Artikel nur die Einteilung der Sammlung von Schöpfungmythen in seinem Buch idem, Alpha. The Myths of Creation, wieder.

8. Keimung oder Wachstum;
9. Emanation;
10. Spiegelung; Reflex(ion).

B) magische Schöpfungsarten und solche aus nichts:

11. Laute (Gegacker/Geschnatter; Gelächter; Pfeifen/Zischen/Sausen);
12. Gesten (Gesang; Tanz);
13. Transformation;
14. Wort/Sprache;
15. Gedanke.[4]

Abgesehen von immer wieder einmal auftretenden Ausnahmen ist auch die Schrittfolge alter Werde-Spekulationen meist einfach – oder besser: vierfach. Es „hat sich gezeigt, daß Theogonie und Kosmogonie ein festes Schema haben, das in wenigen Denkformen abläuft: Endzustand ist diese unsere Welt mit uns Menschen (ϒ2/1) in der von den Göttern (ϒ2½) garantierten Ordnung, so daß Theogonie, Kosmogonie und Anthropogonie ineinandergreifen. Der Anfangszustand ist dazu der Kontrast, die Negation des Bestehenden, das große ‘Noch Nicht’ (ϒ4): noch keine Erde (-ϒ1), noch kein Himmel (-ϒ2), noch kein Licht ⟨-ϒ1½⟩/⟨-ϒ2½⟩; noch keine Markierungen und Grenzen, wie sie unsere Welt kennzeichnen: Himmel und Erde sind vermischt, Erde und Wasser, Süßwasser und Salzwasser (ϒ3). Die Weltwerdung besteht insofern in einem Trennen und

[4] Cf. A. M. Frenkian, L’Orient et les origines de l’idéalisme subjectif dans la pensée européenne, 1.102; es wird noch deutlich werden, daß einige der unter B genannten Schöpfungsarten (auch) unter A fallen können, indem die Schöpfungsagenzien sich selbst als Schöpfungsingredienzien (Materie) dienen.

Grenzensetzen."[5] Positiv gewendet liest sich das bei den Griechen so:

(ϒ4) „Zeus ist
(ϒ1½) die Luft (*aithḗr*),
(ϒ4) Zeus
(ϒ1) die Erde (*gễ*),
(ϒ2) der Himmel (*ouranós*)
(ϒ4) Zeus; Zeus
(ϒ2/1) wahrlich das All (*Zeús toi tà pánta*)
(ϒ3) und das, was auch immer dieses überragt (*ch'ṓti tỗnd' 'upérteron*)."[6]

Spekulationen um den allerersten Anfang aus dem Unbestimmten konnten aufgrund des mythologischen Milieus, in dem das Hellenentum heranwuchs, auch den alten Griechen nicht fremd geblieben sein,[7] woher die Vorlagen dazu im einzelnen auch gekommen sein mögen. Nach dem Dichter und Verfasser der berühmten ›Theogonie‹, Hesiodos (ca. 700 v. Chr.), kam alles aus dem Chaos, der gähnenden, klaffenden Abgrundtiefe oder Raumleere.[8] Diese nun selbst als das ursprüngliche Prinzip anzusehen, ist nach altorientalischen

---

[5] W. Burkert, Kleine Schriften, 3.74 (5. Orpheus und die Vorsokratiker: Bemerkungen zum Derveni-Papyrus und zur pythagoreischen Zahlenlehre); mein Skalierungsversuch ohne Paragraphierung.

[6] Aischylos, Fragment 70, ⟨ed.⟩ A. Nauck, Tragicorvm Graecorvm Fragmenta, p. 24: *Zeús estin aithḗr, Zeùs dè gễ. Zeùs d' ouranós, Zeús toi tà pánta ch'ṓti tỗnd' 'upérteron.* Cf. W. Jaeger, Die Theologie der frühen griechischen Denker, p. 87.

[7] Cf. L. A. Cordo, ΧΑΟΣ. Zur Ursprungsvorstellung bei den Griechen.

[8] Einiges transkulturell-komparativ Metaphysische zum Chaos anläßlich der Spekulationen Schellings in H. P. Sturm, Weder Sein noch Nichtsein, pp. 452-501; Etymologisches, o.c., pp. 465-471.

Vorbildern die einfachste Erklärung. Gleichfalls nach vedischen. Dazu wird in der neuesten Forschung konstatiert: „Diese Schöpfungsgeschichte reproduziert fast genau, und nicht ohne gewisse Umstellungen, die indische Schöpfungsgeschichte des Veda.“[9]

Im Chaos, einem Ne-utrum, jedoch eine Abstraktion aus der mythisch-konkreten Vorstellung von der Welthöhle qua Himmel (gewölbtes Dach) und Erde (Boden) zu erblicken, die im Ápeiron (Unbegrenzten/Grenzenlosen) von Anaximandros, einem negativen Begriff, weiter verschärft worden wäre und als qualitatives Nichts, das in sich die Möglichkeit habe, alles zu werden, der Ursprung alles Späteren zu sein,[10] oder als das Auseinanderklaffen des primordialen Hochzeitspaares von Himmel und Erde,[11] wäre demgegenüber eine Deutung, die den aller Grenzziehungen baren Anfangszustand der Hesiodschen Kosmo-Theogonie vor aller Weltwerdung in der Art, wie er auch in altorientalischen Prototypen der Weltgenese mitunter gegeben ist, andeutungsweise von (inner)kosmischen bzw. allen ‚späteren‘ Prinzipien umrahmt, d.h. begrenzt sein ließe. Eine weitere Möglichkeit bestünde darin zu unterstellen, daß die urzuständliche Undifferenziertheit dieses Zwischen(be)-reichs, die Welthöhle, der Weltraum, die Indifferenz der polaren Erstprinzipien von Männlichem und Weiblichem, polar Gegensätzlichem selbst wäre.

Die Ambiguität der Primärprinzipien in der antiken griechischen Mythologie und Metaphysik wird auch daran sichtbar,

---

9 B. Sergent, Les trois fonctions indo-européennes en Grèce ancienne, p. 198.

10 Cf. O. Gigon, Der Ursprung der griechischen Philosophie, pp. 29-30.

11 So bei K. Albert, Philosophie der Philosophie (Studien zur Philosophie der Philosophie), p. 500; idem, Hesiod. Theogonie, pp. 30-31, Einführung.

daß die Zuordnung der pythagoreisch bzw. der vom Pythagoreismus ausgehenden Monas zwischen dem ersten (Υ4) und zweiten (Υ3) Rang schwankt bzw. Überschneidungen vorliegen. Dies kann entlang meiner Darstellung verifiziert werden und ist auch nicht verwunderlich, wenn man die folgenden, in einer neuplatonischen Schrift den Pythagoreern zugeschriebenen, inhaltlichen Bestimmungen der Monade selbst betrachtet.

So wird sie einmal als „Chaos ... Zusammenschüttung, Mischung, Lichtlosigkeit und Finsternis, wegen der Beraubung (Privation) der Gliederung und Unterscheidung von allem, was der Reihe nach ersonnen wird“[12], andermal als mann-weiblich (*arsenóthēlun*), Same des Alls, Mann und Frau, Vater und Mutter, die Bedingung von Materie und Idee/Form enthaltend (*spérma .. ʻapántōn ársená te kaì thḗleian ... patèr kaì mḗtēr, ʻúlēs kaì eídous lógon échousa*), aufgefaßt.[13] Die erste Charakterisierung lese ich eher in Richtung negative Unbestimmtheit (Υ4), die zweite eher in Richtung positive (Υ3); beide könnten sich auch überschneiden oder überlagern. Diese Undeutlichkeit wird bekräftigt in einem Bericht des christlichen Häresiebekämpfers Hippolytos von Rom (gest. 235), auf den ich im Kontext einer daoistischen Kosmogonie im entsprechenden Teilband der vorliegenden Abteilung noch zu sprechen kommen werde.[14]

---

[12] Cf. (Pseudo-)Iamblichos, Theologvmena arithmeticae 6, ⟨ed.⟩ V. de Falco, p. 5.16-19, ⟨tr.⟩ R. Waterfield, p. 39: *cháos ... ʻē autè súgchusís te kaì súgkrasis alampía te kaì skotōdía sterḗsei diarthrṓseōs kaì diakríseōs tō̃n ʻexē̃s ʻapántōn epinoeĩtai.* Weitere Unbestimmtheitsbegriffe für die orphisch-pythagoreische Monade sind aufgeführt in H. P. Sturm, Weder Sein noch Nichtsein, pp. 476-477.

[13] Cf. (Pseudo-)Iamblichos, Theologvmena arithmeticae 5-6, ⟨ed.⟩ V. de Falco, pp. 3.21-5.10, ⟨tr.⟩ R. Waterfield, pp. 37-38; mit Ausnahme der abschließenden Begründung wird hier wohl von altpythagoreischem Gedankengut berichtet.

[14] Cf. Hippolytos, Refutatio omnium haeresium 1.2.6.20-1.2.10.37.

Da das Chaos in orphisch-pythagorischen Entstehungsspekulationen ebenso bisweilen die erste, bisweilen, wie es scheint, die zweite Stelle, bisweilen beide Stellen einnehmend aufgefaßt werden und die Syzygie der mann-weiblichen Voraussetzung (*lógos*) von Materie und Form das Prinzip vor den Prinzipien versinnbildlichen könnte, erforderte die nach dem Verständnis der Schöpfer jeweils richtige Einordnung in die Hierarchie der GeistWelt wohl hellseherische Fähigkeiten: das Hauptproblem der Prinzipien-Mythometaphysik, das uns schon im theoretischen Grundlegungsband in Zusammenhang mit der Lehre von der mahāyānistischen Lehre von der Zweifachen Wahrheit (*satya-dvaya*) begegnete, bei den Vorsokratikern Kopfzerbrechen bereitete, in der akademisch-peripatetischen Philosophie in Erscheinung tritt und uns auch in den beiden großen asiatischen Traditionen der Spekulation, der indischen und der chinesischen, Thema der abschließenden zwei Faszikel der ›Widerspiegelung des Geistes II‹, beschäftigen wird.

Dem folgenden Forschungsbefund, der vom Verfechter der vorgetragenen Spalt(ungs)-These stammt, kann der Form nach, wie dem auch immer sein mag, zugestimmt werden: „Dieser Gedanke einer am Beginn stehenden Einheit, aus der sich dann die vielheitliche Wirklichkeit entfaltet hat, scheint .. nicht weit vom Denken der Philosophen entfernt zu sein. In ähnlicher Weise hat das mit Hesiod gleichzeitige Denken im alten Indien und im alten China diesen Einheitsgedanken ausgebildet und ist von dort aus zu Denkformen gelangt, die wir ganz in die Nähe des abendländischen Philosophierens zu stellen gewohnt und wohl auch berechtigt sind."[15]

---

[15] K. Albert, Hesiod. Theogonie, p. 31, Einführung; cf. idem, Philosophie der Philosophie (Studien zur Philosophie der Philosophie), pp. 492-496, mit Bezug auf O. Gigon, Der Ursprung der griechischen Philosophie, pp. 13-40; H. Fränkel, Dichtung und Philosophie des frühen Griechentums, pp. 114-118.

Läßt nicht Anaximandros aus Milet (610–546) alles aus einer infiniten (absoluten) Urqualität entstehen, dem zeitlosen, unvergänglichen Grenzenlosen (*ápeiron*)?[16] „Xeniades von Korinth [5./4. Jh.] nun, den Demokritos [aus Abdera (ca. 460–370)] erwähnt, nahm sinngemäß denselben Standpunkt wie Xenophanes ein, indem er behauptete, daß alles Schein/Trug sei, alle Vorstellungen und Meinungen falsch/trügerisch seien, alles Entstandene/Gewordene aus dem Nichtseienden (entstanden/geworden) sei und alles Zernichtbare [zu nichts Zergängliche] zu Nichtseiendem vernichtet [zergehen] werde."[17]

Wem das nicht genügt, die Konturen des romantisch ästhetisierten Griechenlandbilds schönfärberischer abendländischer Geschichtskonstrukteure zu verwischen, dem sei der unbewiesen einem gewissen (früh)griechischen Dichter namens Glykon, zugeschriebene, womöglich volksweisheitliche Ausspruch ins Stammbuch geschrieben: „Alles ist lächerliches Zeug, alles ist Asche/Staub, alles (ein/das) Nichts, denn alles Gewordene/ ‚Wahre' ist aus dem Grundlosen/Unbegründeten/Irrationalen/ Unaussprechlichen."[18]

Zieht man solche Zeugnisse in Betracht, dann erscheint der Einfluß der orientalischen auf die griechische Spekulation als Selbstverständlichkeit. „Denn wenn bei Hesiod ein dunkles Chaos (χάος V. 116, χάος ζοφερόν V. 814), bei den Orphikern

---

[16] Cf. Anaximandros B1–3 ≊ M15.

[17] Xeniades 81, ⟨ed./tr.⟩ H. Diels / W. Kranz, Die Fragmente der Vorsokratiker, 2.271.16–19, meine Einfügungen und Übersetzungsvarianten in eckigen Klammern: *Xeniádēs dè 'o Korínthios, 'oũ kaì Dēmókritos mémnētai, pánt' eipṑn pseudẽ kaì pãsan phantasían kaì dóxan pseúdesthai kaì ek toũ mḕ óntos pãn tò ginómenon gínesthai kaì eis tò mḕ òn pãn tò phtheirómenon phtheíresthai, dunámei tẽs autẽs échetai tõj Xenophánei stáseōs.*

[18] Glykon, Anthologia Graeca 10.124, ⟨ed./tr.⟩ H. Beckby, 3.538: *Pánta gélōs kaì pánta kónis kaì pánta tò mēdén· pánta gàr ex alógōn estì tà ginómena.*

Wasser und Schlamm (ὕδωρ und ἰλύς) den Anfang bilden und Thales das Wasser (ὕδωρ), Anaximander das Unbegrenzte (ἄπειρον), Anaximenes die Luft (πνεῦμα, ἀήρ) als Urelemente ansehen, so handelt es sich da schwerlich um zufällige Anklänge an die Beschreibung des Chaos in der phönizischen und biblischen Kosmogonie."[19] Wichtiger aber noch als das Vorweisen von ideengeschichtlichen Stammbäumen sind für meine Argumentation inhaltliche und besonders formale Ähnlichkeiten und Übereinstimmungen. „Es ist nicht bekannt, ob oder wann die in der ›Chāndogya-Upanishad‹ ausgedrückten Ideen zu den Griechen gelangt ist [sind]. Bekannt aber ist, daß sich zu den Lehren des Thales, Anaximander, Anaximenes und Heraklit deutliche Parallelen im ägyptischen (Thales), indischen (Thales, Anaximenes, Heraklit), iranischen (Anaximander, Heraklit) und phönikischen (Anaximenes) Denken finden lassen. Man weiß weiterhin, daß in früherer Zeit sehr starke Ähnlichkeiten der Weltschöpfungsmythen im ganzen vorderen Orient bis hin zu Griechenland bestanden, und daß Einflüsse griechischer Wissenschaft auf die indische Geistesgeschichte in späterer Zeit bestanden."[20]

---

19 O. Eissfeldt, Kleine Schriften, 2.261 (Das Chaos in der biblischen und in der phönizischen Kosmogonie).

20 K. Fischer, ›Oriental Connection‹ – Frühgriechische Wissenschaft und orientalische Traditionen, p. 122, meine die Grammatik betreffende Korrektur in eckigen Klammern; doxographische Ausführung dieser Synopse o. c., pp. 114–143. Die o. c., p. 129, unter Berufung auf den sowohl historio-doxographisch wie besonders mythologisch-metaphysisch schwach fundierten, vom Autor selbst auf Seite 217 als „Spiel" bezeichneten Artikel: W. Burkert, Kleine Schriften, 2.192–222 (12. Iranisches bei Anaximandros), und damit unter Berufung auf iranische Spekulationen, aufgestellte Behauptung, daß ein wesentlicher Unterschied zwischen dem Infiniten (*ápeiron*) Anaximanders und dem Konzept des Hesiodschen Chaos wie den Wassern ägyptischer und babylonischer Schöpfungsmythen bestünde, ist aufgrund der in den genannten Begriffen (mit-)thematisierten Indefinitheit bzw. Noch-nicht-Bestimmtheit

Danach liegt der Schluß nahe, daß beide Aspekte, der filiatorische und der formale, miteinander verknüpft zu denken sind: „Wenn wir aus Gründen der Kompetenz die altindischen Texte – die von der Antike ohnehin weiter entfernt sind – beiseite lassen, dürfte nunmehr eine Übereinstimmung darüber bestehen, daß es eine Gruppe von Texten aus dem Nahen Osten, aus Israel und Griechenland gibt, die zusammen bedacht werden sollten, da sie nicht nur durch Ähnlichkeit in der Struktur und den Motiven, sondern zweifellos durch gegenseitige Einflüsse verbunden sind; ...“[21]

Außerdem muß sich der Schritt vom Dichten zum Denken, von der *narratio* zur *ratio*, vom Mythos zum sogenannten Logos,[22] in dieser Sache als unbeträchtlich erweisen, ist doch einerseits in Erwägung zu ziehen, „daß es nicht allein die Berührung mit den auch spekulative Elemente aufweisenden kosmogonischen Mythen des Orients gewesen ist, die den Anstoß zu den unmythischen Systemen der frühen griechischen Philosophie gegeben hat, daß die Griechen vielmehr wahrscheinlich auch unmittelbar von der rein rational-naturwissenschaftlichen Kosmogonie angeregt worden sind, wie sie die Phönikier bereits im zweiten Jahrtausend vor Chr. gekannt und gepflegt

---

zurückzuweisen, mindestens aber zu relativieren.

21 W. Burkert, Kleine Schriften, 2.232 (14. The Logic of Cosmogony); tja, das ist schon so eine Sache mit der „Kompetenz“ und dem „beiseite lassen“!

22 Cf. E. Holenstein, Philosophie-Atlas, p. 18; diesen Übergang möchte besagter Autor unter Berufung auf Cicero am ehesten als eine Entwicklung „*von der Weisheit zur Philosophie*“ verstanden wissen, was ich – die Begründung geht aus meinen Darstellungen unzweideutig hervor und muß nicht noch einmal gegeben werden – für völlig verwirrend und konfus erachte.

haben.“[23] Andrerseits ist, wie schon mehrmals betont, zu beachten, daß der Logos vom Übergang des Mythos zum Logos selbst ein Mythos ist, auch in dem Sinne, daß gilt: „So viel wurde klar: im kosmogonischen Mythos ist von Beginn an *logos*, so daß kein einfacher Wandel oder Fortschritt ‘vom *muthos* zum *logos*’ feststellbar ist.“[24]

Es braucht sich also nicht notgedrungen um eine kritisch reflektierte Distanz zum Mythos an sich zu handeln, die dazu veranlaßt, sich über ihn dichterisch lustig zu machen, wie das in der Ulk-Kosmogonie geschieht, die Aristophanes (450–385) als Verhöhnung orphischer Theogonien anstelle des Dichters die Vögel, flugfähige, mitunter auch schwimm- wie tauchfähige, eierlegende und diese ausbrütende Wesen, vortragen läßt, gleichermaßen ist in Erwägung zu ziehen, daß es sich bloß um eine Distanz aus Unverständnis handeln könnte, wie sie in seinen ›Wolken‹ der Philosophie gegenüber zu vermuten ist.

(ϒ4) (ᔭ⅄) „Leere(r, grenzenloser, unermeßlicher, klaffender, gähnender Abgrund und Raum) = Chaos war anfangs und Nacht (*Nùx*), Dunkelheit, Finsternis (*Érebós*) und die weite Unterwelt (*Tártaros eurús*); weder Erde (-ϒ1), Luftraum (-ϒ1½) noch Himmel (-ϒ2) waren. Da legt in der Düsternis unendliche Schöße die schattenbeflügelte Nacht

[23] O. Eissfeldt, Kleine Schriften, 1.512 (Phönikische und griechische Kosmogonie), im Anschluß an U. Hölscher, Anaximander und die Anfänge der Philosophie, p. 412.

[24] W. Burkert, Kleine Schriften, 2.243 (14. The Logic of Cosmogony); insgesamt ist dieser Artikel trotz seiner die Grenzen von West und Ost überschreitenden Ausrichtung immer noch aus der Perspektive des modernen okzidentalen Gelehrtenmythos und -logos über Mythos und Logos verfaßt und ich kann mir kaum vorstellen, ob dessen Verfasser die Tiefendimension seiner Aussage, die in meiner Forschung hier ausgelotet wird, auch nur erahnt hat.

(ϒ3$_2$) das uranfängliche Windei, dem im (Um-/Kreis-) Lauf der Zeit

(ϒ3$_1$) die sehnsuchterweckende Liebe (Eros) entschlüpfte, ihr Rücken mit goldnem Gefieder leuchtend, gleich dem geschwinden Wirbelwind. Diese aber hat

(ϒ2½) unser Geschlecht, mit der geflügelten Leere (Raum/Chaos) im Schatten der Nacht vereinigt, ausgebrütet in der weiten Unterwelt und als erstes aufsteigen lassen zum Licht. Auch war das Geschlecht der Unsterblichen nicht, ehe die Liebe alles vereinigte; indem sie eins mit dem andren vereinte, entstand

(ϒ2) der Himmel,

⟨ϒ1½⟩ der Ozean und

(ϒ1) die Erde,

(ϒ2½) das ganze unsterbliche Geschlecht der seligen Götter. Dermaßen sind von allen Seligen am allerältesten wir, denn daß wir abstammen von der Liebe, ist sonnenklar; wie diese fliegen wir nämlich und wohnen den Liebenden bei.“[25]

---

[25] Aristophanes, Aves 693–704, ⟨edd.⟩ F. W. Hall / W. M. Geldart: *Cháos ē̃n kaì Nùx Érebós te mélan prō̃ton kaì Tártaros eurús, / gē̃ d' oud' aḕr oud' ouranòs ē̃n · Erébous d' en apeírosi kólpois / tíktei prṓtiston 'upēnémion Nùx 'ē melanápteros ōjón, / ex 'oũ peritelloménais 'ṓrais éblasten Érōs 'o potheinós, / stílbōn nō̃ton pterúgoin chrusaĩn, eikṑs anemṓkesi dínais. / 'oũtos dè Cháei pteróenti migeìs nuchíōj katà Tártaron eurùn eneótteusen génos 'ēméteron, kaì prō̃ton anḗgagen es phō̃s. / próteron d' ouk ē̃n génos athanátōn, prìn Érōs xunémeixen 'ápanta · / xummignuménōn d' 'etérōn 'etérois génet' ouranòs ōkeanós te / kaì gē̃ pántōn te theō̃n makárōn génos áphthiton. 'ō̃de mén esmen / polù presbútatoi pantōn makárōn. 'ēmeĩs d' 'ōs esmèn Érōtos / polloĩs dē̃lon · petómesthà te gàr kaì toĩsin erō̃si súnesmen ·* Der Urzustand und die Unterwelt als negativer Urzustand sind, es ist nicht schwer zu erraten, warum, sowohl normal als auch mit einem auf den Kopf gestellten Symbol (ᵻ⅄) skaliert. In Diagrammform findet sich die Aristophaneische Göttergenealogie bei L. Brisson, Orphée et l'

Zwar ist diese Spottfassung orphischer Schöpfungsgeschichten mit anderen, ernsthaften Fassungen nicht deckungsgleich, was aufgrund der deutlich voneinander abweichenden und sehr lückenhaften Überlieferungen dieser auch nur schwerlich der Fall sein könnte, gewisse ihrer Elemente sind aber wenigstens in dem Maße bestimmbar, daß eine Zuordnung zur Orphik zweifelsfrei möglich ist.[26] Dies soll mit Hilfe eines Diagramms zum Rohbau orphischer Kosmogonien verschiedener Entwicklungsphasen umrißhaft veranschaulicht werden.[27] Im Anschluß

Orphisme dans l'Antiquité gréco-romaine, I: Les théogonies Orphiques et le papyrus de Derveni: notes critiques, p. 391. Dichterisch wuchtig, doch nicht ganz wörtlich, die Übersetzung von ⟨tr.⟩ L. Seeger, 2.35. Hätte W. Jaeger, Die Theologie der frühen griechischen Denker, pp. 78-80, die vedische Spekulation zum Vergleich für seine Interpretation dieser parodistischen Weltwerdung herangezogen, dann hätten sich einige seiner einseitigen Deutungen aufgrund eines verklärenden Griechenlandbildes von selbst relativiert.

[26] Cf. K. Ziegler, Orphische Dichtung, B. Verlorene Gedichte, coll. 1345-1370; C. Calame, Orphik, coll. 60-63; Synopse bei H. Schwabl, Weltschöpfung, coll. 1467-1484; Kurzreferate verschiedener Forschermeinungen zur ‚Familienzugehörigkeit' der Parodie zur Orphik bei L. J. Alderink, Creation and Salvation in Ancient Orphism, p. 103, Note 17; zu den orphischen Ei-Kosmogonien, auch in Zusammenhang mit der Parodie von Aristophanes, cf. W. Staudacher, Die Trennung von Himmel und Erde, pp. 80, 94-117.

[27] Es wurde entworfen von W. Staudacher, Die Trennung von Himmel und Erde, p. 118, von wo ich es mit Ausnahme zweier Abkürzungen, die ich des Verständnisses wegen ausgeschrieben habe, und unter Weglassung der Überschrift und Seitenzahl als Nachgestaltung wiedergebe. Nach dem neuesten Stand der Forschung präzisierte detailreiche theokosmologische Genealogien in Diagrammform bei: M. L. West, The Orphic Poems, pp. 118, 234, 247; L. J. Alderink, Creation and Salvation in Ancient Orphism, pp. 36-39; L. Brisson, Orphée et l'Orphisme dans l'Antiquité gréco-romaine, I: Les théogonies Orphiques et le papyrus de Derveni: notes critiques, pp. 391, 394-395, 404; o.c., III: La figure de Chronos dans la théogonie orphique et ses antécédents iraniens, pp. 38, 40-41.

daran ein Stemma orphischer Kosmogonien.[28]

28 Cf. M. L. West, The Orphic Poems, p. 264.

GRUNDSTRUKTUR ORPHISCHER KOSMOGONIEN
IN IHRER ENTWICKLUNG (nach W. Staudacher)

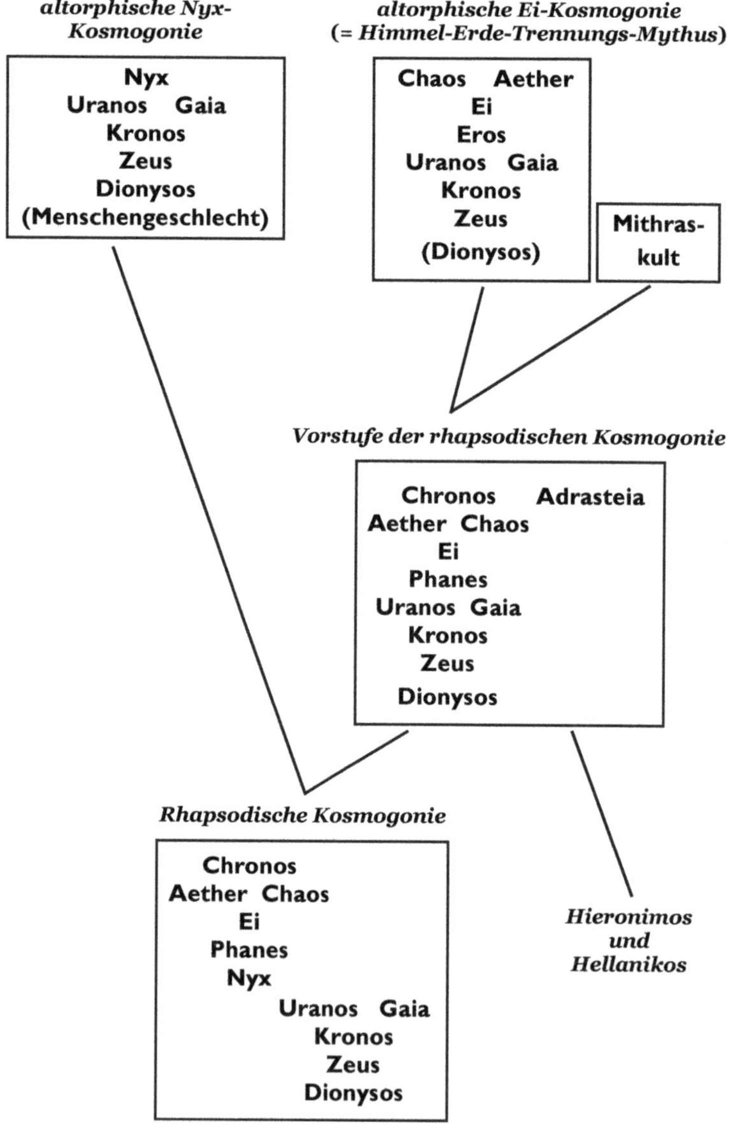

STEMMA ORPHISCHER KOSMOGONIEN (nach M. L. West)

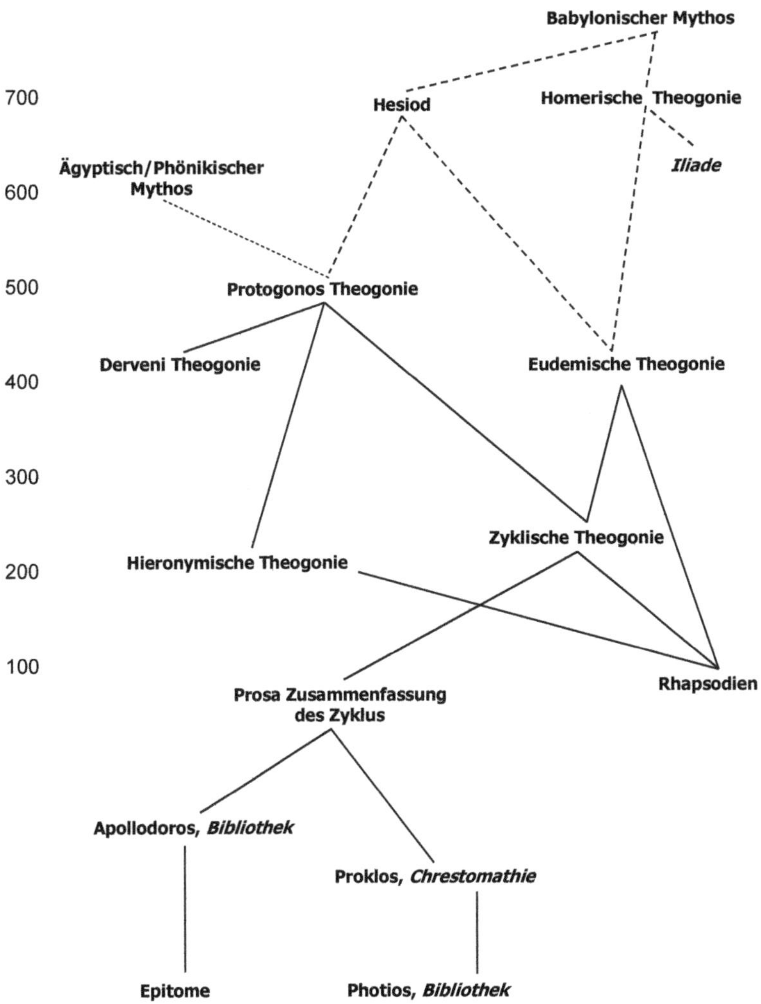

Die Kongruenzen mit orientalischen Kosmogonien, indische eingeschlossen,[29] sind nicht zu übersehen, was beileibe nicht heißen soll, daß wir diese für einen Jux halten könnten. So ist denn auch eine orientalische, nämlich ägyptische, phönikische oder babylonische Herkunft der orphischen Kosmogonik in der Forschung anerkannt.[30] Durch Zitation von und Kommentar zu Stellen aus Aristophanes (›Vögel‹), den Pseudo-Klementinen (christlicher ›Clemens-Roman‹), Platon, Aristoteles, Hesiod, dem ›Alten Testament‹ (Genesis-Bericht), phönikischen und ägyptischen Zeugnissen wurde in der Forschung erwiesen, daß diese Parodie mit einer Kosmogonie zusammenhängt, die literarisch in einem frühen orphischen Text verankert war, daß deren Wurzeln bis in den Alten Orient hinabreichen und daß die Pythagoreer durch die angenommene alte Kosmogonie bei der Formulierung ihrer Lehre von der Weltentstehung durch Zahlen (Arithmogonie) inspiriert wurden.

„Es ist also wahrscheinlich, daß ein alter Text dem philosophischen Exkurs im ›Clemens-Roman‹ zugrunde liegt. Die Ähnlichkeit mit der Zahlenkosmogonie der Pythagoreer ist auffällig: hier wie dort entsteht aus den Anfängen im Unendlichen der eine Keim der Welt, der eine feste Oberfläche gewinnt und einen Hauch einsaugt, wodurch sich ein Organismus gestaltet; ein Doppelwesen entsteht, mannweiblich, als Anfang von allem; im Auseinanderbrechen des Einen gestaltet sich die Welt;

---

29 Eine skizzenartige, bezüglich der griechischen Tradition unzureichend dokumentierte Übersicht über antike griechische und indische Kosmogonien und deren Gegenüberstellung liefert A. Dahlquist, Die Geschichte der philosophischen Motive in Indien und im Griechenland des Altertums, 1.8–44 (Griechenland), 1.116–191 (Indien), 2.3–89 (Griechenland : Indien).

30 Cf. dazu das Stemma von M. L. West, The Orphic Poems, p. 264; Diskussion des Zusammenhangs griechischer Kosmogonien mit orientalischen bei F. Lämmli, Vom Chaos zum Kosmos, 1.29–44 (mit ausführlicher Dokumentation); H. Schwabl, Weltschöpfung, coll. 1505–1508.

Glanz thront jenseits des Himmels, ja von ἁρμονία [Harmonie] ist die Rede. Es scheint also, als ob die Pythagoreer, von denen Aristoteles spricht, ihre Zahlenlehre speziell an diese orphische Kosmogonie angelehnt haben, daß sie gleichsam diese Kosmogonie in der Zahlensprache nachvollzogen haben."[31]

Dazu darf ich noch erwähnen, daß bei den älteren Pythagoreern offensichtlich die Lehre kursierte, der Himmel, die Eins (*tòn mèn ouranòn eĩnai 'éna*), absorbiere aus dem Unbegrenzten die Zeit, den Atem/Hauch und das Leere (*epeiságesthai d'ek toũ apeírou chrónon te kaì pnoẽn kaì tò kenòn*) bzw. atme aus dem unbegrenzten Pneuma/Atem/Hauch (*ek toũ apeírou pneúmatos*) (das) Leere ein (*anapnéonti kaì tò kénon*), wodurch Trennung und Bestimmung zustandekomme, wie es eben bei den Zahlen der Fall sei.[32] Vor kurzem wiesen zwei spanische Sprachwissenschaftler nach, daß diese pythagoreische Kosmogonie, die Philolaos zugeschrieben wird, frappierende Übereinstimmungen mit den ersten drei Mantras des indischen Werdehymnus ›Ṛg-Veda 10.129‹ aufweist.[33]

Zurück zu den ›Vögeln‹: an erster Stelle grenzenlose, inhaltslose Raumleere (*Cháos*), alle Unterschiede verschleiernde Nacht (*Núx*), Dunst, Düsternis, Nebel oder Wolkenschwaden des Toten- und Schattenreichs (*Érebos*) und Weite des finsteren Unterweltabgrunds (*Tártaros eurús*), ein präkosmisches

---

31 Cf. W. Burkert, Kleine Schriften, 3.80-83 (5. Orpheus und die Vorsokratiker: Bemerkungen zum Derveni-Papyrus und zur pythagoreischen Zahlenlehre), wörtliches Zitat o.c., 3.82-83, meine Übersetzung des griechischen Terminus in eckigen Klammern. Eine Skalierung möge bitte jeder selbst versuchen, die Vorbilder dafür sind mittlerweile ja bekannt – trotzdem wird sie nicht leicht fallen.

32 Cf. Pythagoreische Schule, Lehre anonymer Pythagoreer B30 ≈ Pythagoras, ältere Pythagoreer M38; 40.

33 Cf. A. Bernabé / J. Mendoza, Pythagorean Cosmogony and Vedic Cosmogony (RV 10.129), pp. 33-39 (pythagoreische Kosmogonie), pp. 39-45 (›Nāsadīya-Sūkta‹), pp. 45-49 (Vergleich).

Unbestimmtheitswirrwarr, bestehend aus vier Ingredienzien. An zweiter Position nun der erste Same, der Urkeim oder das kosmische Primärei. Auf verschiedene Weise wurde ein solches weltweit gelegt, geformt oder war sonstwie da, in Ägypten und weiten Gebieten des Nahen und Mittleren wie Fernen Ostens, in Ozeanien, Afrika, Europa und arktischen Regionen.[34] In der Aristophaneischen Parodie wird es bezeichnenderweise als Wind-Ei charakterisiert. Das genuin orphische Windei ist ein unbefruchtetes Ei, das durch Parthenogenese entsteht und in Zusammenhang mit der kosmogonischen Rolle des Windes betrachtet werden muß.[35] Unter einem Windei (gr. *'upēnémion, anemiaĩon, oúrinon, kunósouron, zephúrion ōjón* / lat. *ovum*

[34] Kurzabrisse zum Kosmos- oder Weltei aus welt-mythologischer Sicht mit Literaturverweisen bei A.-B. Hellbom, The Creation Egg, pp. 63-73, 99-102; die Autorin liefert in drei weiteren Kapiteln Materialien zum Menschen- oder Menschheitsei, zum Gottheits- oder Heldenei und zum magischen Ei. Zum Welt- oder Schöpfungsei F. Lukas, Das Ei als kosmogonische Vorstellung; M. Haavio, Väinämöinen, pp. 45-63; R. Eisler, Weltenmantel und Himmelszelt, 2.782, Register, s.vv. Ei, Eihäutchen, Eiweiß; o.c., 2.807-808, Register, s.vv. Weltei, Windei. Mit dem Thema der Kosmos-Zeugung durch einen Androgyn in Zusammenhang mit Platon's ›Timaios‹, der Orphik, der indo-iranischen Kosmogonie und der Rolle, die darin das Ei, Sperma und der Embryo spielt, beschäftigt sich A. Olerud, L'idée de macrocosmos et de microcosmos dans le Timée de Platon, pp. 99-119, 128-136; cf. W. Burkert, Kleine Schriften, 3.80-83 (5. Orpheus und die Vorsokratiker: Bemerkungen zum Derveni-Papyrus und zur pythagoreischen Zahlenlehre). Zum ägyptischen Weltei, aus dem Kenken Wer (*ngзgзwr*), der große Schnatterer oder Gackerer, Amun als Ganter/Gans, schlüpfte, zudem K. Sethe, Amun und die acht Urgötter von Hermopolis, p. 127, Register, s.v. Ei; Entsprechungen zwischen ägyptischen und altindischen Ei-Vorstellungen bei N. Kazanas, Indo-Aryan Origins and other Vedic Issues, pp. 254-256; Eusebeios, Praeparatio evangelica 3.11.45-46 (115a-b); cf. R. Guénon, L'Homme et son devenir selon le Vêdânta, pp. 71[2], 143-144, 166-167, ⟨engl.⟩ pp 49[7], 93, 111, mit Hinweis auf Ähnlichkeiten mit jüdischen, iranischen, ägyptischen und islamischen Mythologemen.

[35] Cf. M. L. West, The Orphic Poems, p. 201.

subventaneum), das durch Aristophanes und seine Burleske berühmt geworden ist, versteht man für gewöhnlich ein durch den Wind von irgendwo dahergeblasenes, durch ihn empfangenes, also von keinem Wesen gelegtes, unbefruchtetes und somit unfruchtbares Ei, dem eigentlich nichts entschlüpfen dürfte; außerdem ein Ei ohne Kalkschale, das nur von der weichen Eihaut umgeben ist; die übertragene Bedeutung muß hier nicht erläutert werden, sie dürfte allenthalben bekannt sein.[36]

Selbst materialistischen Philosophen der hellenistischen Epoche wird die Verwendung dieser Symbolik zugeschrieben. So lesen wir in einem schwer einschätzbaren, von einem modernen Forscher „kurios“[37] genannten, möglicherweise als Posse kreirten, gegen unchristliche Ketzer gerichteten Bericht des Epiphaneios von Salamis (ca. 315-403) zur Atomlehre der Epikureer: „Das Gesamtall nahm seinen Ausgang nämlich nach Art eines Eies (Υ3); das drachen-/schlangenförmige Pneuma/Wehen (*tò dè pneũma drakontoeidõs*) um das Ei herum (*perì tò ōjòn*) (Υ4) aber schnürte alsdann wie ein Ring/Band oder Gürtel die Natur zusammen. Indem es jedoch beabsichtigte, bei einer gewissen Gelegenheit die gesamte Materie, und folglich also die natürliche Beschaffenheit des Alls, mit Gewalt übermäßig zusammenzudrücken, da teilte es dieserart das Seiende in zwei Halbkugeln und hierauf wurden daraus die Atome ausgeschieden. Das Leichtere und Feinere alles Natürlichen stieg nach oben, d.h. das Licht, der Äther und das Feinste des Pneumas/Windhauchs (Υ2), das Schwerste aber und Schmutzigste sank nach unten, d.h. es wurde zur Erde (was ja das Trockene ist) und zur Flüssigkeit der Gewässer (Υ1). Das Ganze bewegt sich von selbst und aus sich selbst im Umlauf

[36] Cf. J. / W. Grimm, Deutsches Wörterbuch, 14.2.278-279, s.v. Windei.

[37] M. L. West, The Orphic Poems, p. 202.

des Himmelsgewölbes und der Sterne, während das All ferner noch vom drachen-/schlangenförmigen Pneuma/Wind herumgetrieben wird.“[38]

Mit dieser mythologisierenden ‚Physio-Gonie‘ ist man dem – aus den voneinander abweichenden, in der Schule vertretenen Grundlehren zu rekonstruierenden – Weltmodell der Stoa ziemlich nahe. „Die philosophische Allegorese orphischer Kosmogonie geht innerhalb der Stoa bis Kleanthes und Chrysipp zurück (*SVF* I Nr. 39; II Nr. 906; 107; 1078) und darüber hinaus bis zum Derveni-Papyrus.“[39] Das Ei ersetzend, ist in einer antiken Mitteilung zur Lehre der Stoiker Poseidonios aus Apameia (2./1. Jh. v. Chr.) und Antipater von Tyros (2./1. Jh. v. Chr.) vom Kugelkosmos die Rede, der von der Schale der Leere umgeben ist. „Eins sei der Kosmos und dieser begrenzt, eine kugelförmige Gestalt besitzend (ϒ3/2). ... Außen sei er von unbegrenzter Leere umflossen (ϒ4), die immateriell sei. Immateriell sei diese gewissermaßen, weil sie von Körperlichem erfüllt werden kann, aber nicht erfüllt ist. Im Kosmos sei keine Leere, sondern er selbst sei geeint. Das sei nämlich notwendig wegen der gegenseitigen Atmung und Spannung (ϒ1½) zwischen dem

---

38 Epiphaneios, Adversus haereses 1.8.2–5, ⟨ed.⟩ K. Holl, 1.186.17–187.8: *eĩnai dè ex ‘uparchẽs ōjoũ díkēn tò súmpan, tò dè pneũma drakontoeidõs perì tò ōjòn ‘ōs stéphanon ḕ ‘ōs zṓnēn perisphíggein tóte tèn phúsin. thelẽsan dè biasmõj tinì kairõj perissotérōs sphígxai tèn pãsan ‘úlēn oũn phúsin tõn pántōn ‘oútōs dichásai mèn tà ónta eis tà dúo ‘ēmisphaíria kaì loipòn ek toútou tà átoma diakekrísthai. tà mèn gàr koũpha kaì leptótera tẽs pásēs phúseōs epipolásai ánō toutéstin phõs kaì aithéra kaì tò leptótaton toũ pneúmatos, tà dè barútata kaì skubalṓdē kátō neneukénai, toutésti gẽn (‘óper estì tò xērón) kaì tèn ‘ugràn tõn ‘udátōn ousían. tà dè ‘óla aph’ ‘eautõn kineĩsthai kaì di’ ‘eautõn en tẽj peridinḗsei toũ pólou kaì tõn ástrōn ‘ōs apò toũ drakontoeidoũs éti tà pánta alaúnesthai pneúmatos.*

39 W. Burkert, Kleine Schriften, 3.80[35] (5. Orpheus und die Vorsokratiker: Bemerkungen zum Derveni-Papyrus und zur pythagoreischen Zahlenlehre); SVF steht für Stoicorum Veterum Fragmenta.

Himmlischen (Υ2) und Irdischen (Υ1)."[40] „Es scheint klar, daß sich einige Stoiker gerade die pythagoreische Kosmogonie zu eigen machten, auf die sich Aristoteles, Simplicius und Stobaeus bezogen."[41]

Nach der ‚Physik' der Weisen vom Porticus entsteht, um hier noch eine synoptische Skizze des Rohbaus ihres Weltgebäudes zu zeichnen, ausgehend von einer stofflichen Ureinheit, die als Keimlogos (*lógos spermatikós*) (Υ3) – einem Analogon des Ureis, wie leicht einzusehen ist – in zwei Aspekten existiert, einem formal-aktiven (*poioũn/lógos/noũs*/Zeus) (Υ3_2) und einem material-passiven (*páschon/ 'úlē*/Schoß/vier Elemente) (Υ3_1), der gesamte Kosmos (Υ2/1), indem der Allsame (*spérma tõn 'apántōn*) (Υ3) alle Gegebenheiten und Begebenheiten des Universums (Υ2/1) – nein, es handelt sich nicht um die Ideenlehre Platon's! – keimhaft als Samenlogoi (*lógoi spermatikoí*) (Υ3_{1-n}) in sich enthält, aus denen sie sich gemäß Vorsehung und Notwendigkeit entwickeln und realisieren: zum Himmel (*ouranós*), der kugelförmigen Begrenzung und dem äußersten Umfang des einen Kosmos (Υ3/2), wo das Göttliche (Υ2½) sitzt, über die vernünftigen Wesen, die Menschen (Υ2), die beseelten, die Tiere und die belebten, die Pflanzen, bis zum ‚toten' Stoff, der Erde (Υ1), das Ganze umgeben von grenzenloser Leere (*tò kenòn ápeiron*) ⟨Υ4⟩.[42]

---

40 Diogenes Laërtios, De vitis dogmatis ... 7.140: *'Éna tòn kósmon eĩnai kaì toũton peperasménon, schẽm' échonta sphairoeidés·... éxōthen d' autoũ perikechuménon eĩnai tò kenòn ápeiron, 'óper asõmaton eĩnai·asõmaton dè tò 'oĩón te katéchesthai 'upò sōmátōn ou katechómenon· en dè tõj kósmōj mēdèn eĩnai kenón, all' 'ēnõsthai autón·toũto gàr anagkázein tẽn tõn ouraníōn pròs tà epígeia súmpnoian kaì suntonían.*

41 A. Bernabé / J. Mendoza, Pythagorean Cosmogony and Vedic Cosmogony (RV 10.129), p. 38.

42 Auf ein Minimum reduzierte Rekonstruktion auf der Basis der kompakten, quellenschriftlich belegten Ausführungen von H. Meyer, Geschichte der Lehre von den Keimkräften von der Stoa bis zum Ausgang

„Der olympische Name ist Zeus ⟨ϒ4⟩, und hier finden wir orphische Nachhalle im kosmischen Wesen Zeus, der in sich die Keime aller Dinge enthält und als verständiges Feuer (cf. Heraklits Donnerkeil) aus sich selbst durch ein unveränderliches Gesetz, das er ebenso selbst ist (ϒ3), die Welt (ϒ2) und ihre Geschöpfe (ϒ1) erzeugt, die er ebenso selbst ist. (Die Stoiker wurden »die ersten Pantheisten« des westlichen Denkens genannt.)“[43]

Das Weltenei tritt, wen wundert 's, innerhalb von kosmogonisch-kosmologischen Entwürfen häufig im natursymbolistischen Rahmen des Brütens auf. Doch darf man sich durch die Wortwahl nicht täuschen lassen. In einem Zeitalter des Physikalismus projiziert man in alles nur Physis(ches) und glaubt damit, an der Spitze der Erkenntnisevolution zu stehen. „Die erste Tat des Schöpfers ist, daß er sich in Ekstase versetzt. Er wird ein *tapasvin,* ein Gluterfüllter. Diese Glut muß geistig verstanden werden als Inbrunst meditativen Schaffens, als geistiges Brüten. Der über den Wassern brütende Geist, der durch sein Zaubermachtwort schafft, ist *tapas*-erfüllt. »Das Urpotentielle (der Urkeim), das vom «Leeren» eingeschlossen war, wurde durch die Macht des *Tapas* als das Eine geboren« (R.V. 10, 129, 3). »Der Herr der Schöpfung (ϒ4) bebrütete (*abhi-tap*) die Welten« (Ch.Up. 2, 23, 2) (ϒ2). ... So bilden sich unter dem wirkenden Einfluß des brütenden göttlichen

---

der Patristik, pp. 7–26.

[43] T. McEvilley, The Shape of Ancient Thought, p. 541; die (antipantheistische) Behauptung von o.c., pp. 541–542, daß für die Stoiker Gott gleichzeitig mit der Welt identisch und von ihr different, er somit immanent und transzendent sei, ist mit keinem Quellenverweis belegt, wird aber damit begründet, daß er „ein irgendwie separates/eigenständiges Leitungsprinzip der Welt, ein Vorsehender Geist ... Supergottheit ...“ sei.

Geistes (ϒ3) die Dinge (ϒ1).“[44]

Dem in der Entzifferung von Symbolen geschulten und einem von den Dogmenverwaltern unabhängigen Blick fällt es nicht schwer, die in der antiken Welt weit verbreitete Metaphorik des Heckens auch im ›Alten Testament‹ zu entdecken. „»Der Hauch Gottes brütend über den Wassern«, lesen wir in der Genesis (1,2) – in einem Text, der als Teil der 'Priesterschrift' wohl eben in der Mitte des 6. Jhs. formuliert ist, nicht weit ab von der Epoche des Pythagoras und der Orphika.“[45] „Nach dem ›Talmud‹ nahm Gott zwei Eihälften und befruchtete eine Hälfte mit der anderen; auf diese Weise erschuf er die Welt. Wir finden einen Reflex des Ei-Mythos in der biblischen Schöpfungsgeschichte. Wenn man verkündet: »Der Geist Gottes bewegte sich auf den Wassern«, ist das Wort »bewegte sich« (liikkui) eine finnische Übersetzung des hebräischen *rāhaf;* im Syrischen bedeutet dasselbe Wort jedoch »hecken«, »brüten«, so

---

[44] C. A. Scharbau, Die Idee der Schöpfung in der vedischen Literatur, p. 140, meine Kursivierungen der Sanskrit-Wörter; R.V. ist die Abkürzung für Ṛg-Veda, Ch.Up. für Chāndogya-Upaniṣad. Die Kosmogonie der letzteren Stelle (Chāndogya-Upaniṣad 2.23.1–3, ⟨ed.⟩ J. L. Shastri, Upaniṣatsaṅgrahaḥ, p.45) weist folgende Entstehungsreihe auf: Prajāpati – bebrütet (*abhyatapat*) – die Welten (*lokān*) – woraus das dreifache Wissen (*trayī vidyā*), d.h. die drei Veden hervorgehen, die wiederum – bebrütet werden und wovon dann – die drei Silben »*bhūr*« (Erde), »*bhuvaḥ*« (Zwischenraum) und »*svar*« (Himmel) ausgehen – die wiederum bebrütet werden, wovon dann – die alle Sprache (*sarvā vāk*) zusammenhaltende Silbe AUM ausgeht (*saṃtṛṇṇ-aumkāra*), die – das All (*eva-idam-sarvam*) ist. Ich überlasse es dem Leser, diese Kosmogonie unter Einsetzung der gängigsten, von mir in dieser Studie vorgestellten Entfaltungsmomente, zu interpretieren und skalieren.

[45] W. Burkert, Kleine Schriften, 3.82 (5. Orpheus und die Vorsokratiker: Bemerkungen zum ›Derveni-Papyrus‹ und zur pythagoreischen Zahlenlehre); cf. H.-s. Hoàng-sy-Quý, Le mythe indien de l'Homme cosmique dans son contexte culturel et dans son évolution, p. 148[2]: „Der Akt des Brütens wohnt häufig volkstümlichen Schöpfungsmythen inne. Das Buch der ›Genesis‹ enthält davon ebenfalls Spuren: der Geist Gottes, der über den Wassern schwebte (I, 1).“

daß die richtige Übersetzung »Der Geist Gottes brütete auf den Wassern« wäre – und Geist, Seele stellt man sich weithin als Vogel vor. Im phönikischen Schöpfungsmythos erscheint ebenso ein Ei (*mōt*). Zu Zeiten der Sassaniden (224–644 A.D.) wird in einem Manuskript des parsischen ›Minokhired‹ erzählt, daß »Himmel, Erde, Wasser und alles andere unter den Himmeln genau so wie ein Vogelei geformt worden ist. Der Himmel über der Erde und unter der Erde ist einem Ei ähnlich, durch das Händewerk von Ahura, dem Schöpfer, geformt. Die Erde inmitten der Himmel ist wie das Gelbe im Ei«.“[46]

In der neueren Forschung wurde die Annahme geäußert, daß diese Pahlavi-Kosmogonie eine Rückübersetzung hellenischer Wissenschaft in die mythische Sprache vom Weltenei sei.[47] Zur Veranschaulichung führe ich anschließend die von mir aus dem Englischen übersetzte und mit einigen originalsprachlichen und sanskritischen Termini versehene Fassung dieses Abschnitts parsischer Mythologie an: „Der Geist der Weisheit antwortete folgendermaßen (*Mainyô i khard pâsukh kard ku / Paralokîyâ yâ buddhiḥ pratyuttaramakarot yat*): Himmel und Erde und Wasser und was auch immer sonst am Himmel i s t, sind wie ein Vogelei (*chuñ murvã khâêa / yathâ pakshiṇâm aṇḍam*) geformt; der Himmel über der Erde und

---

[46] M. Haavio, Väinämöinen, p. 56; den Schreibfehler im Titel der parsischen Schrift, der von A.-B. Hellbom, The Creation Egg, p. 67, übernommen wurde, habe ich stillschweigend verbessert. Cf. K. Galling, Der Charakter der Chaosschilderung in Gen. 1,2, p. 152[2]: „Im Syrischen k a n n רַחַף »brüten« bedeuten, aber das ist nicht ohne weiteres für das Hebräische maßgebend (vgl. EDUARD KÖNIG, Die Genesis [1925] S. 143 Anm. 1).“ Belegstellen zum ›Talmud‹ bei R. Eisler, Weltenmantel und Himmelszelt, 2.410[3]–411: „Chagigah XII; Beresch[it]. Rabba 10“. Zu der zitierten parsischen Schrift ›Mainyo-i-Khard/Minokhired‹ siehe o.c., 2.410[2]; Text mit Übersetzung dort stammen fast buchstäblich von F. Windischmann, Zoroastrische Studien, p. 284.

[47] Cf. W. Burkert, Kleine Schriften, 2.216 (12. Iranisches bei Anaximandros).

unter der Erde ist durch die Handarbeit des Schöpfers Ahura Masdah wie ein Ei (*khâêa* / *aṇḍaka*) geformt und die Erde im Himmel i s t gleich dem Gelben inmitten des Eis (*zarda* miãn *khâêa* / *yathâ golakam madhye aṇḍakasya*); [und das Wasser in der Erde und im Himmel ist ganz wie das Wasser im Ei]."[48]

Das Urei, in die ,Unheit' der Fruchtwasser des (Meeres-) Schoßes oder der Abgrundleere des Bestimmungslosen gelegt, verkörpert als solches und ganzes, und manchmal wohl auch mit der anfänglichen Un(bestimmt)heit zusammen, die erste Einheit, in der die Zweiheit bzw. Mehrheit als (in zwei Hälften) spaltbare Schale, Eihaut, sowie Eiklar/Eiweiß und Dotter/Eigelb jedoch schon angelegt ist und die Zeit in ihrem Lauf (Zeit-Fluß) oder Umlauf (Zeit-Zyklus) als Bedingung seiner Reifung, wie in (post)vedischen und vedãntischen Schöpfungserzählungen unmißverständlich ausgeführt, entweder co-existiert oder gerade ins Dasein tritt. In der angegebenen parsischen Auffassung stellt es den (unentfalteten) Grundzustand des Kosmos selbst (ϒ2/1) dar, der nach zurvanistischen Vorstellungen von den Zwillingen Ahura Mazda und Ahriman (ϒ3), die wiederum

---

48 Mainyo-i-Khard/Minokhired 44.7-11, ⟨ed.⟩ E. W. West, p. 44 (Pâzand), p. 106 (skr.), p. 172 (engl.), ⟨tr.⟩ E. W. West, Pahlavi Texts, 3.84-85; Tilde ist Ersatz für ein diakritisches Zeichen mit umgekehrter Wellung; Sanskrit-Transliteration und Textvariante in eckigen Klammern des Originals; Sperrungen sind die des Übersetzers ins Englische. Zur ersten Phase des im ›Bundahišn‹ geschilderten, vier Perioden umfassenden 12000-jährigen Weltablaufs, der himmlischen, leuchtenden, makellosen, in sich geschlossenen Urwelt des Lichts (*mēnōk*) in Form eines Rieseneies, in der die von Ahura Masdah hervorgebrachten Dinge nichtdenkend, unbeweglich und ungreifbar verharren, cf. H. S. Nyberg, Die Religionen des Alten Iran, pp. 28-29; ich darf in dieser Sache einmal meine Hochachtung vor den Kommentatoren dieser Schrift äußeren, die aus dem Text Eier lesen, die dort nicht liegen und nur durch ein immenses Hintergrundwissen und eine darauf fußende Kombinationsgabe hineingelegt werden; die relevante Textstelle ist wohl Bundahišn 3.13, ⟨tr.⟩ E. W. West, p. 17 ≈ Zand-Ākāsīh (Bundahišn) 4.10, ⟨ed./tr.⟩ B. T. Anklesaria, pp. 48/49.

Kinder des Zeitgottes Zurvan (Υ4) waren, geschaffen wurde, welcher Mythos, so die Hypothese eines der führenden Forscher auf diesem Gebiet, in die Orphik (rhapsodische Theogonie) übernommen und übertragen, aber vielleicht auch von Anaximandros in seine Spekulation umgesetzt worden sein könnte.[49]

Den dritten Hauptrang in der Aristophaneischen Vogelwelt-Entstehung nimmt der Jungvogel der Liebe (Eros) und des Verlangens als Triebkraft der Schöpfung ein, die scheidende und/oder vereinigende, lebenspendende und beseelende Macht des Alls. Eine ähnliche Funktion hat in der indischen Weltvorstellung der Liebesdrang (*kāma*) inne. „In der griechischen Mythologie war Eros, der Liebesgott, der mit Kāma korrespondiert, deshalb mit der Erschaffung des Universums verbunden. Parmenides sang von der Genesis: »Als ersten aller Götter schuf sie die Liebe«."[50] Erwähnenswert dann neben (für uns hier) weniger Bedeutsamem noch die Vorstellung, daß die Dichter und Weisen (Vögel/Menschen), wenn ich das richtig verstehe, über oder vor den Göttern stehen, die, und dieses weitverbreitete frühkosmologische Skandalon gälte es gehörig zu würdigen, wie im ›Nāsadīya-Sūkta‹, als mundane Götterwesen erst mit dem Entstehen dieser Welt mitentstehen. Mit diesem Mythologem sind verschiedene Götterhierarchien der ältesten Religionen verknüpft.

Auch die Schichtung der von der Unterwelt bis zum Firmament reichenden sichtbaren Sphären – Erdinneres/Unterwelt, Erdoberfläche, Wasser, Luft, Himmel – zeugt von einer Analogie orphischer und (spät-)vedischer Entstehens-Sagen (siehe Faszikel II/6 des hiesigen Werkes), die nur mit Mühe per Zufall

---

49 Cf. W. Burkert, Kleine Schriften, 2.214–216 (12. Iranisches bei Anaximandros).

50 H. Nakamura, A Comparative History of Ideas, p. 55, mit Zitat von Parmenides B13 = M17.

zu erklären ist, wenn auch die komödiantische des Aristophanes für sich betrachtet als komischer Einfall zugegebenermaßen Produkt eines solchen sein kann. Denkbar sind direkte oder indirekte Wege vermuteter Beeinflussungen, ebenso ist die Übernahme von Geistesgut aus anderen Kulturräumen, ich denke in erster Linie an Ägypten bzw. den Alten Orient und Indien,[51] in Erwägung zu ziehen.

Die mittlerweile gut dokumentierten und argumentativ gestützten Anfechtungen der Einwanderungsthese der Arier auf den Subkontinent, Datierungen des Veda bzw. der vedischen Sprache und Verhältnisbestimmungen zur Indus-Sarasvatī-Zivilisation eröffnen hier völlig neue Aussichten auf Zusammenhänge von indischen, mediterranen (altorientalischen) und auch austronesischen Kulturleistungen.[52] Die Aussage: „Es gab .. keine urindogermanische, es gab nicht einmal eine echte ursprüngliche Kosmogonie irgend eines indogermanischen Volkes."[53] ist angesichts dessen nicht nur verwegen, sondern fahrlässig, ja wissenschaftlich unverantwortlich zu nennen. Genauso und zudem kommt eine geiststrukturelle Erklärung und schließlich eine Mischung der einzelnen Möglichkeiten in unterschiedlicher Quantität und Proportion in Betracht, woraus zu folgern ist, daß Wahres zu sagen und Wahrsagerei diesbezüglich nicht immer deutlich zu trennen sind.

---

[51] S. Radhakrishnan, Eastern Religions and Western Thought, pp. 135-140, geht in dieser Sache von der Wahrscheinlichkeit einer Beeinflussung Griechenlands durch Indien aus.

[52] Cf. B. R. Singh ⟨ed.⟩, Origin of Indian Civilization, eine Zusammenstellung von Artikeln, die den Stand der Forschung aus den Blickwinkeln verschiedenster Disziplinen dokumentieren.

[53] E. H. Meyer, Die eddische Kosmogonie, p. 13; mit kleinen Schreib-Ungenauigkeiten zitiert bei F. Lämmli, Vom Chaos zum Kosmos, 2.76[283], mit zusätzlicher Stellenangabe zu einer entsprechenden Aussage bei U. Hölscher, Anaximander und die Anfänge der Philosophie, pp. 386sqq.

Nämliches wird schon in den genial(isch)en Re-Konstruktionen am unbekümmerten Anfang kulturvergleichender Philosophie- und Religionswissenschaft deutlich. Einige, von der etablierten Forschung verworfene und ins Lächerliche gezogene Entwürfe davon könnte man ob ihres Einfallsreichtums und ihrer Kreativität selbst schon wieder in die ungebrochene orphisch-pythagoreische Goldene Kette der Überlieferung einfügen. Danach scheint das viergliedrige Ordnungsschema der Pythagoreer, die Tetraktys, orphischen Mythen, und damit auch ägyptischen Götterlehren verwandt, ursprünglich ein überweltliches Reich von vier Urprinzipien symbolisiert zu haben.

(Υ4) Der die tetraktysche Urgottheit rings umgebende (*stéphei*) Äther (*aithḗr* = feurige, strahlende Himmelsluft); Äther als allumfassende Monas/Einheit und steuernder/regierender (*kubernãj*) Urgeist (*noũs*);

(Υ3_1) Dyas/Zweizahl, der aus zwei Bestandteilen, a) aus Sand (*psámmos*), Schlamm (*ilús*), Erde (*gẽ*) und b) aus Wasser (*'údōr*) bestehende, passiv-weibliche, unklar-trübe (*skotóessan omíchlēn*), deshalb ungestaltete (*aschēmátistos*), unbegrenzte (*ápeiros*) und ununterschiedene (*aóristos* [*duás*]) Urstoff (*'úlē*);

(Υ3_2) Trias/Dreizahl, die nie alternde (*agḗraos*) Urzeit (*chrónos*), bestehend aus drei Phasen, der Dreiheit von Vergangenheit, Gegenwart und Zukunft;

(Υ3_3) Tetras/Vierzahl, die Gesetzmäßigkeit, Richtschnur und Weltordnung (*Nómos*), die unabwendbare, ihre Arme durch den gesamten Kosmos hindurch ausbreitende (*en pantì tõj kósmõj diōrguiōménēn*) und seine Grenzen berührende (*tõn perátōn autoũ ephaptoménēn*) Notwendigkeit/Unentrinnbarkeit (*Anágkē*/

Adrásteia),[54] das Geschick (*Moĩra*), der Weg und die gerechte Vergeltung (*Díkē*) qua Urraum, der als leeres Chaos, ungeheuer-riesige (*pelṓrion*) Kluft und nach allen Seiten (*éntha kaì éntha*) bodenloser Schlund (*cháos/chásma*) keine Grenzen hat (*ou peĩras*), weder Grundlage/Boden noch irgendeinen Untergrund/Platz (*ou puthmḗn, oudé tis ‘édrē*), und der dichten/ununterbrochenen Urfinsternis (*azēchès skótos*) wie der dunklen Urnacht (*nùx zopherà*) gleich ist. Die Identifikation des Raumes mit der Vier wird etweder aus den vier Himmelsrichtungen oder, was von der Logik der Sache, nämlich des Räumlichen, nicht Flachen, her noch einleuchtender ist, den vier Sonnenständen, dem Aufgangspunkt (Osten), dem Untergangspunkt (Westen), dem Scheitelpunkt (Zenith) und dem angenommenen mitternächtlichen Tiefpunkt unterhalb der Erde, erklärt.

(ϒ3/2) Daraus bzw. darinnen wird dann als Dekas/Zehnzahl (**1+2**=3+**3**=6+**4**=**10**) der Urweltglobus als kugeliger Hohlraum (*sphairoeidès kútos*) oder Strahlenmantel (*argḕs chitṓn*)[55] oder übergroßes/ungeheures, vielfassendes/weites Ei (*ōòn ‘upermégethes/poluchandés*) geschaffen, dem

(ϒ2½) der Erstgeborene (*Prōtógonos*), Erscheinende oder Erscheinen-Machende (*Phánēs*), der Allgott (*Pán*), zugleich die Einsicht oder maß-gebende Klugheit (*Mē̃tis*), als Schöpfergeist (*Ērikepaĩos*), liebeserfüllter Zeugungsgott (*Érōs*) und Himmels- wie Weltenherr,

[54] Zur Identifikation von Anágkē oder Adrásteia mit verschiedenen (Dimensions-)Kategorien cf. R. Eisler, Weltenmantel und Himmelszelt, 2.776, Register, unter den beiden Einträgen.

[55] Zu den Welteinfassungen cf. die ungemein informations- und facettenreiche Monographie von R. Eisler, Weltenmantel und Himmelszelt.

persönlicher Schöpfer und Zerstörer des Kosmos (*Zeús*) entschlüpft,[56] und wonach die Kosmogonie
(Υ2/1) im intramundanen Sinne ihren Lauf nimmt.[57]

Dieser an ägyptischen Kosmosvorstellungen orientierte Nachbildungsversuch faßt die Tetraktys als Vorwelt- oder Geistweltstruktur auf, in der die kategorialen Bedingungen aufgezählt werden, welche zur Beschreibung der Grundbestandteile, -zustände und Dimensionen unserer erfahrbaren Sinnen- und Lebenswelt unverzichtbar sind: Geist, (Schaffens-)Kraft, Stoff, Zeit und Raum. Daß er seinen Ausgang vom Boden der Tradition nimmt, bestätigt die moderne Ägyptologie. Wie auf den meisten, ja allen metaphysik-relevanten Feldern, die ich im Zuge der Strukturproblematik des Geistes durchforschte, zeigt sich, daß die Pioniere der jeweiligen Disziplinen zu Unrecht der Naivität und Vergröberung in jeglicher Hinsicht bezichtigt wurden. Rückt man gewisse Parallaxen ihrer wissenschaftlichen Optik zurecht, so erscheint vieles von dem, was sie entdeckten, als bedeutsamer denn das, was die seit einiger Zeit praktizierte Detailforschung zu Tage fördert.

Um das abschließend anhand eines Satzes aus der momentan tonangebenden Ägyptologie zu belegen, gebe ich in einem Zitat wieder, was heutzutage zum Zusammenhang von Zahlenspekulation und Wirklichkeitsstruktur hinsichtlich der ägyptischen Götterwelt angenommen wird. „Die Aufordnung der zahllosen Götter verschiedener Art und Ursprungs geschieht,

---

56 Informationen zum orphischen Weltschöpfer bzw. Erstgeborenen und seinen Erscheinungsformen bei M. L. West, The Orphic Poems, pp. 202-212.

57 Cf. E. Röth, Geschichte unserer Abendländischen Philosophie, ca. 2.633-664 (Hyperkosmogonie); ca. 2.656-764 (Kosmogonie), jeweils mit Textdokumentation in den Noten des Anhangs. Zur Stellung des Äthers werde ich im Kapitel 6 des Faszikels II/6 noch eine Präzisierung Röths anfügen.

wie schon lange erkannt, in »bestimmten abgeschlossenen Kreisen«, wobei viele Ordnungsmöglichkeiten und Prinzipien nebeneinander gleichberechtigt stehen, ohne sich irgendwie gegenseitig auszuschließen. ... Gemeinsam scheint jedoch der Gedanke zu sein, durch die »Zusammenfügung einer durch Zahl oder Art begründeten Mehrheit den Eindruck eines Ganzen zu schaffen, das die Weltordnung umfaßt und wiedergibt; denn Ordnung ist Kosmos«. Ein wichtiger Hintergrund ist dabei die typisch ägyptische theologische Denkweise, daß die Götter immer in Zeit, Raum, Macht und Wissen begrenzt und differenziert waren, daß der Schöpfergott zwar »der Eine« war, aber eine Einheit, die alles umfaßt, wobei das All durch das Nebeneinanderstellen komplementärer Begriffe wie etwa »Seiendes und Nichtseiendes« definiert wird. Der Schöpfergott bildet mit dieser Zweiheit des Alls zusammen eine Dreiheit, die dann weiter ausgebaut wird. Eine häufige Benennung des Schöpfergottes ist »der Eine, der sich zu Millionen gemacht hat«, d.h. die unendliche Vielzahl, die das Seiende darstellt."[58] Schon steht die oben entfaltete Begründung einer ägyptischen Herkunft der Idee von der Viereinigkeit (Tetraktys) und der Schöpfungslehre bei Pythagoras unter Hinzuziehung der Orphik und Verweis auf eine Vierheit von ägyptischen Urgöttern, den vier im Zitat genannten Hauptaspekten des Einen nahezu entsprechend, in einem ganz anderen Licht da.

Der mehrfach überlieferte Teil eines pythagoreischen Hymnus an die heilige Vierheit, durch den wenigstens die Eckpunkte und der Fundamentalsinn dieser Auslegung gerechtfertigt sind, soll die Evidenz der These von der anderen Seite aus steigern. „Sei uns gnädig (Erhöre uns), erhabener (Ur-)Numerus, Urheber/Vater der Seligen/Götter, Schöpfer/Vater der Menschen! Hehre Tetraktys, Quell und Wurzel ewigfließender/

[58] T. Säve-Söderberg, Götterkreise, coll. 686-687.

nieversiegender Erscheinung/Natur bergend! Es geht der heilige Numerus (Υ3) aus von der Abgrundtiefe unantastbarer/makelloser Einheit (Υ4), auf daß er anlangt bei der hochheiligen Vier (Υ3). Sie erzeugte die allumfassende/allaufnehmende, ehrwürdige Mutter des Alls (Υ3/2½). Von ihr wird die Grenze/Richtschnur um/für alles festgesetzt, der Unabänderlichen, Unablässigen, sie (selbst) rühmen sie als die lautere Zehn [, sowohl die unsterblichen Götter (Υ2½) als auch die erdgeborenen Menschen (Υ2/1)], die Schlüsselhalterin/Vorsteherin (Υ3/2½) des Alls (Υ2/1). Mit der (Ur-)Zahl steht sie denn auch gänzlich in Einklang.“[59]

Abschließend gebe ich die Tetraktys in Form der berühmt

[59] Rekonstruierter Text nach E. Röth, Geschichte unserer Abendländischen Philosophie, 2.160, Noten, Nr. 949: *‘Ílathi* (*kékluthi*) *kúdim’ arithmè, páter makárōn, páter andrō̃n / Tetraktùs zathéē, pēgèn ‘rizōmá t’échousa / Aenáou phúseōs· Próeisi gàr theĩos arithmòs / Mounádos ek keuthmō̃nos akērátou, ést’ àn ‘íkētai / Tetrád’ epì zathéēn· ‘ḕ dḕj téke mētéra pántōn / Pandechéa, présbeiran, ‘óron perì pãsi titheĩsan / Átropon, akamátēṇ, dekáda kleiousí min ‘agnḗn,* [/ *athánatoí te theoì kaì gēgenées ánthrōpoi*]/ *Klējdoũchon pántōn· arithmõj dé te pánt’ epéoiken.* Für kosmogonische Belange wichtigster Teil des Texts von *Próeisi* bis *‘agnḗn* nach Proklos, In Platonis Timaeum, ⟨ed.⟩ E. Diehl, 1.316.19-24; 3. 107.13-17; 2.53.2-7; ⟨tr.⟩ A. J. Festugière, 2.173; 4.140; 3.83; Syrianos, In Metaphysica commentaria $893^{a}20$-25, ⟨ed.⟩ G. Kroll, p. 106.16-21, daraus die von mir hinzugenommene Verszeile $893^{a}25$ = p. 106.21 in eckigen Klammern. Das Genus des altgriechischen Wortes für Zahl (*arithmós*) ist männlich, was an der Stelle des ersten und zweiten Vorkommens von Bedeutung sein dürfte, weshalb ich dort mit dem lateinischen „Numerus“ übersetze. Doxographischer Kommentar: A. Delatte, Études sur la littérature pythagoricienne, pp. 208-227. Übliche Variante des pythagoreischen Eids, zitiert nach o.c., p. 250 (mit Nachweisen bekannter Überlieferungsstellen und Diskussion der verschiedenen Lesarten): „Nein, bei Ihm/Gott, der unserer Seele die Vierheit schenkte, Quell und Wurzel ewigfließender/nieversiegender Erscheinung/Natur bergend.“ (*oú, mà tòn ‘ametéraj psuchãj paradónta tetraktún / pagàn aenáou phúseōs ‘rízōmá t’échousan.*).

gewordenen Psēphoi-, d.h. Rechenstein-Figur wieder,[60] nicht aber ohne auf die im vorhergehenden und folgenden Faszikeln vorgestellten und vorzustellenden An- und Ausdeutungen der pythagorischen Vierheit zurück- und die von Platon, Aristoteles und den Neupythagoreern vorgenommenen vorerinnert zu haben:

[60] Dazu in mathematischer und harmonikaler Hinsicht W. Schulze, Tetraktys – Ein vergessenes Wort der Philosophie; Kosmogonisch-Gematrisches zur und im Umkreis der Tetraktys aus der mythisch-mystischen Tradition bei R. Eisler, Weltenmantel und Himmelszelt, Index, s.vv. Heptámychos, Isopsēphie, Pentémychos, Psephoi, Sieben, Tetraktys, Vier. Doxographisches zur Tetraktys bei A. Delatte, Études sur la littérature pythagoricienne, pp. 247–268. Zum musikalischen Aspekt des Pythagoreismus ganz allgemein ist ein Erkenntniszweig zu verfolgen, der als »Harmonikale Forschung« bekannt und eng mit den Namen Hans Kayser und Rudolf Haase verknüpft ist; Einstieg über T. Reiser, Das Geheimnis der pythagoreischen Tetraktys; R. Haase, Natur – Geist – Seele, pp. 11–12, 55–73, berücksichtigt in diesem Kontext auch Chinesisches und Indisches. Eine gewisse Nähe dieser Forschungsrichtung zu dem, was man heute – mit all seinen Implikationen – Esoterik nennt, ist allerdings nicht zu übersehen; einen allgemeinverständlichen Überblick über die Welt als Klang gibt J. E. Berendt, Nada Brahma.

Tetraktys als Rechenstein-Figur

Die im Denken versierten Neuplatoniker waren sich, einige Gründe sollen im Band II/6 noch diskutiert werden, nicht zu schade, orphisch-pythagoreisches Mythengut in ihr reflektorisch (transzendental) ausgefeiltes Denken zu integrieren.[61] Dies gilt in erster Linie für die Lehre von der »Goldenen Kette« (gr. *seirȇ chruseíē* / lat. *catena aurea*), die für den Lehrgehalt eines onto-gnoseologischen Rangkontinuums und der ihm gleichlaufenden Initiationsgrade steht. „Für die Neuplatoniker bedeutet «die goldene Kette» – in allegorischer Auslegung einer Homerstelle – die Stufenfolge des absteigenden Hervorgangs der Seinsordnungen, in der Weise, daß aus dem einen, obersten Gott (ϒ4) die Vielheit der Götter (ϒ3), aus den Göttern die Geistwesen (ϒ2½), aus den Geistwesen die Seelen (ϒ2), aus den Seelen die sichtbare Leiblichkeit (ϒ1) hervorgeht – und

---

[61] Cf. L. Brisson, Orphée et l'Orphisme dans l'Antiquité gréco-romaine, V: Proclus et l'Orphisme; o.c., VI: Damascius et l'Orphisme; o.c., VII: Le corps «dionysiaque»: l'anthropogonie écrite dans le *Commentaire sur le* Phédon *de Platon* (1, par. 3-6), attribué à Olympiodore est-elle orphique?

umgekehrt die Stufenfolge der Rückkehr jedes Wesens zu Gott, in der Weise, daß es sich zunächst der jeweils nächstfolgenden Seinsstufe über ihm angleicht, sich in dieses Höhere zurück verwandelt, so wie es aus ihm ausgestrahlt ist, und so schließlich in die anfängliche Ureinheit Gottes aufgeht."[62]

Dieser Aspekt der »Goldenen Kette« wie auch der bereits erwähnte, durch Angliederung an und Eingliederung in sie als einer bruchlosen Überlieferungsreihe die Gewißheit zu besitzen, der ewigen wahren Lehre zuzugehören, wird deutlich, wenn man, wie in der Forschung bereits geschehen, dem Stemma kosmologischer Prinzipien des späten Neuplatonismus – von Syrianos (gest. um 450) und seinem Schüler Hermeias, beide aus Alexandrien, von Proklos, einem weiteren Schüler des Erstgenannten, und von Damaskios – ein Stemma theologischer Prinzipien der Orphik nach den Vorlagen der Neoplatoniker selbst gegenüberstellt.[63]

---

[62] E. v. Ivánka, Dionysius Areopagita: Von den Namen zum Unnennbaren, pp. 105–106, Note 1 zu Kap. III; meine Zufügung von Skalenwerten; cf. H. Koch, Pseudo-Dionysius Areopagita in seinen Beziehungen zum Neuplatonismus und Mysterienwesen, pp. 187–188; ausführliche Dokumentation zur Rolle der »Goldenen Kette« als Mittel zur Vereinigung des Menschen mit den höheren Kräften bei P. Lévêque, Aurea Catena Homeri, pp. 31–75.

[63] Cf. L. Brisson, Orphée. Poèmes magiques et cosmologiques, p. 178; idem, Orphée et l'Orphisme dans l'Antiquité gréco-romaine, V: Proclus et l'Orphisme, p. 103, legt in einer Tabelle die Gegenüberstellung der ›Platonischen Theologie‹ von Proklos und der orphischen Theologie vor; Tabellen zu Damaskios und dem Orphismus in idem, Orphée et l'Orphisme dans l'Antiquité gréco-romaine, VI: Damascius et l'Orphisme, pp. 165, 173, 201.

LISTE KOSMOLOGISCHER PRINZIPIEN DER ORPHIK UND SPÄTER NEUPLATONIKER (nach L. Brisson)

PLATONIST. THEOLOGIE	ORPHISCHE THEOLOGIE
Unaussprechliches [Damaskios]	Wasser + Erde
Eines [Proklos, Damaskios]	Chronos
[Henaden] [Proklos]	
Intelligibles	Ei, Wolke/Nebel, Eros
Intelligibel-Intellektives	Nacht, Ouranos, Hekatoncheires
Intellektives	Kronos, Rhea, Zeus
Hyperkosmisches	12 Götter, deren Herrn sind: Zeus, Kore, Apollon
Hyperkosmisch- Innerkosmisches	die 12 Götter des Platonischen ›Phaidros‹
Innerkosmisches	Dionysos und die auf den Himmelskörpern herrschenden Götter
Universalseelen	Weltseele, Seelen der Himmelskörper und Zeitphasen
Intellektive Seelen	Dämonen, Engel, Heroen
Teilseelen	Menschen, Tiere: Wiedergeburt
Körper	
Materie	

En passant wurde damit überdies der Aufweis erbracht, daß die emanatistisch-aitiologisierenden Transzendentalisten der Spätantike die Prinzipienlehren (Archḗ-Logien) der bildreichen, mit Götterfiguren erfüllten Kulturanfänge ihren eigenen abstrakten, allein menschlichem Urteilsvermögen gegenüber verantwortlichen Reflexionen nachgerade für ebenbürtig erachteten. „So waren mit der Einbeziehung der traditionellen Religion in das neuplatonische Weltsystem Mythenallegorese und Kultsymbolik verbunden. Diese treten damit in Parallele zur Wissenschaft von der Natur, wie sie Platon verstanden hatte, einer Wissenschaft, die durch die Phänomene der Sinnenwelt hindurchschreitend zur Erkenntnis der Ursachen, also der Wahrheit, gelangt. Wie dort, ist auch hier das Ziel, durch konkret-sinnliche Gestalten, in diesem Fall Geschichten, heilige Handlungen und Ordnungen wie durch einen bunten Vorhang hindurchzudringen und sie als Abbild einer von allem Wechselhaften befreiten, ‘abstrahierten’ Seinsordnung verstehen zu lernen.“[64]

Zur Gegengewichtung dessen darf ich als rationales oder (phänomeno)logisches Pendant zu den genannten mythischen Erzeugungsinstanzen des Universums abschließend noch an die am Anfang meiner Studie bereits erwähnten Parmenideischen „Doppelköpfe“, die Sterblichen, zurückerinnern, die, ohne Göttliche und geradewegs Unsterbliche zu sein, und als wären sie philosophisch verdammt aufgeklärt, nach dem Protagoreischen *ánthrōpos mḗtron pántōn,* dem Satz vom Menschen als Maß aller Dinge, der seienden, daß/wie sie sind und der nichtseienden daß/wie sie nicht sind,[65] und ohne daß ein

---

[64] G. Heil, Pseudo-Dionysius Areopagita: Über die himmlische Hierarchie. Über die kirchliche Hierarchie, pp. 22–23.

[65] Dazu und zur skeptischen Ironie bezüglich der Unaufhebbarkeit des Homo-mensura-Satzes, die indirekt gegen Platon gerichtet ist, cf. H. P. Sturm, Ethische Evokationen der Sophistik, p. 138.

(übermenschlicher) Logos als Medium erforderlich wäre, in ihrem Wahn, Wähnen und Getäuschtsein die Welt von Zweiheit, Vielheit und Wandel aufstellen und festsetzen, d.h. erdichten oder zusammenphantasieren, und die Demiurgen und niederen Götter auf diese Weise arbeitslos, ihnen ihren Platz streitig und sie überflüssig machen, ihnen damit aber auch die Verantwortung für einen solchen Trug abnehmen und selbst übernehmen.

Ganz ähnlich führt Buddha bei der Verkündigung seiner Verstandesreligion im ersten Sūtra der buddhistischen ›Langen Sammlung‹ von kanonischen Lehrreden, der ›Lehrrede vom göttlichen Netz/Brahmajāla-Sutta‹, fast zur selben Zeit vor, wie gewisse Brahmanen und Asketen, die in gewisser Hinsicht an die Theorie von der Ewigkeit, in gewisser Hinsicht an die Theorie von der Nicht-Ewigkeit glauben, d.h. unter der Annahme einer immer wiederkehrenden Expansion und Kontraktion des Alls die Anschauung vom personalen Schöpfer (*nimmātā*) und seiner Schöpfung vertreten, indem sie nicht nur in Übereinstimmung mit den darin beschriebenen Wesen (*sattā*) und ihrem Schöpfergott Brahmā die Welt samt ihrer Entstehung, sondern jenen Herrgott (*issaro*) und Vater alles Vergangenen und Künftigen (*pitā bhūta-bhavyānaṃ*) selbst durch Wunschdenken (*mano-paṇidhi*) ersinnen (*evaṃ hoti*).[66] „Die Stelle ist interessant, weil sie annimmt, daß ein Urmonotheismus schon die Religion der ersten Bewohner der Erde gewesen ist. Sie führt den Eingottglauben aber nicht auf eine Uroffenbarung zurück, sondern auf einen Irrtum, dem gleicherweise Gott wie auch die Menschen unterlagen. Überblicken wir die hier aufgeführten Argumente gegen das Dasein eines persönlichen Weltschöpfers und Weltregierers, so ergibt sich, daß der Buddhismus in seinen maßgebenden indischen Texten der

[66] Cf. Dīgha-Nikāya 1.2.1–1.2.6, ⟨edd.⟩ T. W. Rhys Davids / J. E. Carpenter, 1.17–19.

Gottesidee gegenüber eine festumrissene und eingehend begründete negative Haltung einnimmt."[67]

[67] H. v. Glasenapp, Buddhismus und Gottesidee, p. 430.

3 Erzeugung aus und mit dem Nichts
Zwei Ektypen altorientalischer Welthervorbringung: der Genesis-Kommentar Augustins und Platon's ›Timaios‹

Aus den bisherigen Ausführungen zur ureinheitlichen Unbestimmtheit des Anfangs in altorientalischen und (alt)griechischen Weltwerdespekulationen dürfte klar geworden sein, daß uns selbst dann nichts hinderte, die biblische Urweltmaterie »nichts« oder »das Nichts« zu nennen, wenn wir nicht von der kirchlich anerkannten Schöpfung aus dem Nichts ausgingen. Dies hätte freilich im Sinne der indeuropäisch-etymologischen Wurzelbedeutung des Worts zu geschehen: »nicht (et)was«. Sanskrit: *a-sat(tva)* = Nichtsein, Nichtseiendheit, Nichts; *a-bhāva* = *a-bhava* = *a-sad-bhāva* = *a-sam-bhava* = Nichtseiendheit, Ungewordenheit, Nichtentstandenheit, Inexistenz; *na-astitva* = Nicht-Istheit; *(n)a-kiñcid* = *(n)a-kiñcana* = *(n)a-kim(cid)api* = Nichtirgendetwasheit; *a-vastutā* = Nichtwesenhaftigkeit, Ungegenständlichkeit. *Śūnyatā* (*śūnyam*) = Leere, Leerheit, Bloßheit, in Wörterbüchern des Sanskrit auch unter dem Eintrag »Nichts« aufzufinden, gehört m. E. nicht eigentlich zu den Nichts-Begriffen, wie entsprechend auch nicht das etymologisch eventuell verwandte griechische *kénon* (*kenótēs*) = Leere, Vakuum, leerer Raum, Leerstelle, Nichtigkeit, Eitelkeit. Altgriechisch: *oudén/mēdén* = *ou/mē-dè-'én* = auch nicht eins; selbstverständlich die Verneinung des Seins: *tò ouk ón* = *tò mḕ ón* = Nichtsein, Nichtseiendes. Latein: *nihil(um)* = *nil* = *ne hīlum* = nicht ein Fäserchen, nicht Geringes, i.e. nicht das geringste; *nullum* = *ne ullum* = *ne unum* = nicht (irgend)ein; *non esse* = Nichtsein. Althochdeutsch: *nêowiht/niowiht* = *ni-êo-wiht/ni-io-wiht* = nicht irgend/je ein Wesen/Wicht[1]. Mittelhochdeutsch *ni-wiht/niht* ist abgeleitet von der soeben beschriebenen althochdeutschen Form und/oder von *ni-wiht* = nicht etwas/Wesen. Englisch: *nothing* = *no-thing* = nicht (et)was, kein Wesen, kein Ding. Französisch: *néant* = *ne gente* (lat.) = nicht Schar; *rien* = [*ne*] *rem* ([nicht] Ding), Bedeutung ging zum Füllwort über. Spanisch: *nada* = [*res*] *nata* = von Natur Beschaffenes, Gebürtiges, Altes. In den Anfängen indeuropäischer Sprachen handelt es sich bei Nichts-Begriffen hauptsächlich also um eine Gegen(über)stellung einer Verneinung und eines Etwas, eines Verneinten. Die Postulierung eines absurden Nichts, eines vermeintlichen Garnichts, ist damit nicht vereinbar. Und philosophisch gesprochen wäre es klug, wenn der Denker (Mensch) in diesem Falle ganz besonders nach der Heideggerschen Einsicht in das Wesen der Sprache spräche, indem er ihr ent-spräche.[2]

Was Anteil hat am Sein und Nichtsein, ist, so lehrt uns Platon, »nichts Bestimmtes«.[3] Die Idee der Unbestimmtheit läßt auf Anhieb klar werden, warum die Mythologien und Philosophien des Erdkreises das genus primum oder maximum mit gleicher Berechtigung dem leeren Nichts und/oder der Fülle des Seins gleichsetzen können, ohne sich eklatant zu widersprechen, und wie dann insbesondere innerhalb konsequent

---

1 Auf die Etymologie von ahd./mhd. *wiht* = nhd. Wicht, Weg, Wagen, be-wegen, abstrakt: Wesen, Ding, etwas, skr. *√vah*, gr. *óchos*, lat. *vehere*, kann hier nicht näher eingegangen werden.

2 Cf. M. Heidegger, Unterwegs zur Sprache, p. 33: „Der Mensch spricht, insofern er der Sprache entspricht." Cf. idem, Aus der Erfahrung des Denkens, Gesamtausgabe, 13.148 (Hebel – der Hausfreund).

3 Cf. Platon, Politeia 478d1–e7 ... 479b9–c5; H. P. Sturm, Die vier Stadien des Ent–Setzens, pp. 435–437.

entfalteter Gedankengänge die Polung der genera posteriora oder minima je nachdem, wofür man sich entschieden hat, umgekehrt ist. Beispielhaft kann man das entlang der Spekulation des berechtigter- oder unberechtigterweise als christlicher Mystiker bekannten Meisters Eckhart nachvollziehen.[4]

Die auch innerhalb der jüdischen Kommentarliteratur unterschiedlichen und widersprüchlichen Anschauungen von der alttestamentlichen Indefinitheit zu Beginn der Schöpfung bzw. die in ihr vorfindlichen Projektionen platoni(sti)scher Lehrmeinungen auf den Kreationsmythos des Judentums[5] lieferten in der Anfangsphase der Auseinandersetzung um die Formierung und Formulierung der ‚wahren' christlichen Doktrin von der Schöpfung den Stoff, aus dem die konkurrierenden Weltmodelle der Konsolidierungszeit der Kirchenlehre geformt wurden.[6] Sein ‚Seins'-Status reichte dabei allerdings über das

---

[4] Für das deutsche Werk brauchen ob der Ubiquität dieser Argumentationsweise keine Nachweise gegeben zu werden; eine Diskussion der *esse*-Problematik im Lateinwerk gibt F. Tobin, Meister Eckhart: Thought and Language, pp. 74-78.

[5] Zur jüdisch-rabbinischen Lehrmeinung von der Schöpfung unter oder ohne Beteiligung eines Urstoffes cf. H.-F. Weiß, Untersuchungen zur Kosmologie des hellenistischen und palästinischen Judentums, pp. 59-138; eine systematische Diskussion der Schöpfung aus nichts, verknüpft mit der historischen, gibt G. Scholem, Schöpfung aus Nichts und Selbstverschränkung Gottes, pp. 87-99 ≈ idem, Über einige Grundbegriffe des Judentums, pp. 53-68 (Schöpfung aus Nichts und Selbstverschränkung Gottes).

[6] Eine Übersicht über die Ursprünge und ersten Jahrhunderte der christlichen Diskussion um die Aus-Nichts-Schöpfung geben G. May, Schöpfung aus dem Nichts, pp. 1-39, 120-184; N. J. Torchia, *Creatio ex nihilo* and the Theology of St. Augustine, pp. 1-64; H.-F. Weiß, Untersuchungen zur Kosmologie des hellenistischen und palästinischen Judentums, pp. 139-166; J. D. Colditz, Kosmos als Schöpfung, pp. 54-105. G. Schmuttermayr, «Schöpfung aus dem Nichts» in 2 Makk 7, 28?, versucht zu erweisen, daß für die Vorstellung und Lehre von der Schöpfung aus dem Nichts 2 Makk 7.28 nicht, wie öfters vertreten, als locus

Nicht-irgend-etwas hinaus in das Gar-nichts hinein. „Nun ist es aber keineswegs selbstverständlich, daß die biblischen Urkunden von einer Schöpfung aus Nichts künden. Der Ausdruck erscheint nirgends, weder in der hebräischen Bibel noch im griechischen Neuen Testament. Man muß nur die großen katholischen Dogmatiken studieren, um zu sehen, wie verzweifelt schwer der sogenannte Schriftbeweis für diese Lehre in Wirklichkeit fiel und welches Unmaß exegetischer Sophismen dafür aufgewandt werden mußte.“[7]

Die Meinung des Hl. Augustinus, der die beiden Null-Positionen des Garnichts und des Nichtetwas geschickt kombinierte, setzte sich als christliche Kirchendoktrin schließlich durch und wurde 1215 auf dem Vierten Laterankonzil als Glaubensartikel festgeschrieben.[8] Sie besteht zum einen Teil aus einer schroffen Absage an die Annahme, die Wasser des ersten Genesisberichts seien gleichewig mit Gott (*aquas coaeternas deo*);[9] zum anderen Teil seiner Gegenposition der Aus-dem-Nichts-Schöpfung, daß sie, die Wasser, als durch Nachgiebigkeit (*cedendi facilitas*), Beweglichkeit (*mobilitas*) und Wandelbarkeit (*mutabilis/vertitur/conversio*) gekennzeichnete Materie (*material materies*), alttestamentlich unter der schöpferischen Anfangstat, der Schaffung von „»Himmel-und-Erde«, etwas Großem und etwas Kleinem“ (*caelum et terram, magnum quiddam et parvum*

---

classicus gelten kann.

[7] G. Scholem, Schöpfung aus Nichts und Selbstverschränkung Gottes, p. 94, zur Entwicklung dieser Vorstellung cf. pp. 94–99 ≈ idem, Über einige Grundbegriffe des Judentums, p. 60, cf. pp. 60–68 (Schöpfung aus Nichts und Selbstverschränkung Gottes).

[8] Cf. H. Denzinger / A. Schönmetzer, Enchiridion symbolorum definitorum et declarationum de rebus fidei et morum, Nr. 800, p. 357.

[9] Cf. A. Augustinus, Confessiones 12.22.31, ⟨ed./tr.⟩ J. Bernhart, pp. 720/723; idem, De Genesi ad litteram imperfectus liber 4.13, ⟨ed.⟩ J. Zycha, ⟨rev.⟩ P. Monat, ⟨tr.⟩ P. Monat, 50.414/417.

quiddam)[10] gefaßt, vom (*a/ab/ex/de*)[11] allmächtigen (*omnipotens*), ewigen (*aeternus*) Gott (*Deus/Elohim*), dem Vater (*Pater*), Prinzip/Anfang ohne Prinzip/Anfang (*principium sine principio*), durch (*per*) seinen Sohn (*filius*), das Wort (*verbum*), die Kraft (*virtus*), Prinzip/Anfang mit anderem Prinzip/Anfang (*principium cum alio principio*), dem bzw. im (*in*) Anfang (*principio; [bᵉ]rešit*) und der Weisheit (*sapientia*), von/aus nichts/Nichts (*de/ex nihilo; de nulla re*) bzw. überhaupt nichts/Nichts (*omnino nihilo*), was nichts anderes als nichts ist (*quod nihil aliud quam nihil*), in der Einheit des Hl. Geistes (*in unitate Spiritus sancti*) gemacht/geschaffen wurden (*factum*) und wie alles Geschaffene von dessen Liebe/Güte (*benignitas/caritas*) errettet/bewahrt werden (*conseruat*).[12]

Und letztenteils der traditionellen Verwendung der nach Augustinus überzeitlich aus nichts bzw. aus dem Nichts hervorgebrachten, in Plotinscher Manier entweder nichtwissend zu erkennenden oder erkennend nicht zu wissenden (*vel nosse ignorando vel ignorare noscendo*),[13] unsichtbaren (*invisibilis*), ungeordneten (*incomposita*), formlosen, doch formbaren, sowohl spirituellen als auch korporalen Materie (*informis formabilisque*

---

10 Das Große und Kleine (gr. *méga kaì mikrón*) wird uns anläßlich der pythagoreisierenden ungeschriebenen Prinzipienlehre Platon's im Faszikel II/4 wiederbegegnen, wodurch seine Herkunft deutlich werden wird.

11 Zu den verschiedenen Präpositionen, die bei Augustinus die Herkunft des unterschiedlich(en) Erzeugten aus dem Schöpfer ausdrücken, cf. N. J. Torchia, *Creatio ex nihilo* and the Theology of St. Augustine, pp. 113–114.

12 Wie die Stellen mit den buchstäblich wiedergegebenen Ausdrücken aufzufinden sind, wird in Fußnote 19 erklärt.

13 Cf. A. Augustinus, Confessiones 12.9.9; 12.12.15, ⟨ed./tr.⟩ J. Bernhart, pp. 678/679.

materies, et spiritalis et corporalis)[14], einem insbesondere für letzteren Aspekt zu konstatierenden Beinahe- oder Fast-Nichts (*prope/paene nihil*), Nichts-Etwas (*nihil aliquid*) bzw. Ist-Istnicht (*est non est*), das in seiner intellecthaften Ausprägung als noch ungeformte Anlage des Geist-, Geister- und Engelreichs, des Geisthimmels (*caelum intellectuale*) oder Himmels des Himmels (*caelum caeli*), und in seiner materialen Ausprägung als Abgrund (*abyssus*), Anfangs- oder Entwurfsstadium der Dinge (*informem inchoationem rerum*), als weiter, offenbare und manifeste Naturgebilde umschließender/enthaltender Schoß (*sinu grandi continens perspicuas promptasque naturas*) und gleichsam Samen von Himmel und Erde (*veluti semen coeli et terrae*) fungiert.[15]

Erst durch Formung, Gestaltung, Fügung und Ordnung der und Einwirkung (*formare, creare, condere, ordinare*) auf die Geistmaterie werden die beständigen, doch nicht ewigen (*mutabile, tamen non mutatum; excedit omnem volubilem vicissitudinem*

---

[14] Cf. A. Augustinus, De genesi ad litteram libri duodecim 5.5.13, ⟨ed.⟩ J. Zycha, ⟨rev.⟩ P. Monat, ⟨tr.⟩ P. Monat, 48.392/393; idem, Confessiones 12.17.25, ⟨ed./tr.⟩ J. Bernhart, pp. 708/709; cf. N. J. Torchia, *Creatio ex nihilo* and the Theology of St. Augustine, pp. 105–106.

[15] Von den Keimkräften und der Materie in Augustins Weltentstehungslehre handelt H. Meyer, Geschichte der Lehre von den Keimkräften von der Stoa bis zum Ausgang der Patristik, pp. 123–184. Zum subtilen Unterschied zwischen (*aeternae/superiores*) *rationes, rationes incommutabiles, divinae incommutabiles aeternaeque rationes* etc., den *causales rationes, rationes seminales* etc. und den zwei Phasen des einen Schöpfungsvorgangs cf. N. J. Torchia, *Creatio ex nihilo* and the Theology of St. Augustine, p. 119[9] (mit Stellenangaben und Sekundärliteratur zu den Gründen und Ur-sachen); P. Agaësse / A. Solignac, A. Augustinus, De genesi ad litteram libri duodecim (La Genèse au sens littéral en douze livres I–VII), Œuvres de Saint Augustin, 48.653–668, notes complémentaires 21, mit Sekundärliteratur; zu den Materien und Rationes auch R. A. Natividad, La creación en los comentarios de San Agustín al Génesis, pp. 140–183.

temporum)[16] (Geist-)Wesen durch ihre Ausrichtung auf das schöpfergöttliche Wort (*verbum*), d.h. ihre Bekehrung oder Rückwendung zum unveränderlichen Licht der Weisheit (*conuersa ad incommutabile lumen sapientiae*) und damit Befreiung aus dem Leben in Dummheit (*stulte*), (geistiger) Finsternis (*obscuritatis*) und Elend (*misere*), geformt,[17] wie die sichtbaren Dinge Dimension im eigentlichen Sinne durch einen Akt der Auf- und Einteilung der Stoffmaterie, der aus dem Platonischen ›Timaios‹ übernommenen vier von fünf den alten Griechen und Indern bekannten korporalen Elementen, Feuer (*ignis*), Luft (*aer*), Wasser (*aqua*) und Erde (*terra*),[18] erhalten: Räumlichkeit und Zeitlichkeit, synchrone wie diachrone Ordnungsmuster, Zeit-Räumlichkeit (*spatiorum temporalium*), um auf diese Weise die sinnlich wahrnehmbare Welt (*mundus*), griechisch Kosmos, zu konstituieren.[19]

---

[16] Beispielhaft: A. Augustinus, Confessiones 12.9.9; 12.12.15, ⟨ed./tr.⟩ J. Bernhart, pp. 686/687; 692/693.

[17] Cf. A. Augustinus, De genesi ad litteram libri duodecim 1.5.10, ⟨ed.⟩ J. Zycha, ⟨rev.⟩ P. Monat, ⟨tr.⟩ P. Monat, 48.94/95; idem, Confessiones 13.2.3, ⟨ed./tr.⟩ J. Bernhart, pp. 754/757.

[18] Zu den (aus Platon's ›Timaios‹ übernommenen vier) Elementarstoffen cf. A. Augustinus, De genesi ad litteram libri duodecim 2.1.1-2.5.9, ⟨ed.⟩ J. Zycha, ⟨rev.⟩ P. Monat, ⟨tr.⟩ P. Monat, 48.146/161.

[19] Der gesamte Gedankengang zieht sich durch A. Augustinus, Confessiones 12. Buch, ⟨ed./tr.⟩ J. Bernhart, pp. 673/749; eine konzise Zusammenfassung der Augustinischen Lehre von der Schöpfung aus nichts, insbesondere aus den Schriften ›De Genesi contra Manichaeos libri duo‹, ›De Genesi ad litteram imperfectus liber‹ und ›De Genesi ad litteram libri duodecim‹ und den ›Confessiones‹, gibt N. J. Torchia, *Creatio ex nihilo* and the Theology of St. Augustine, pp. 97-134; komprimiert in A. Solignac, A. Augustinus, Confessiones (Les confessions VIII-XIII), Œuvres de Saint Augustin, 14.603-606, notes complémentaires 24; aus den Quellen und angegebenen Interpretationstexten können die von mir angeführten Originalstellen oder -termini, die mitunter in mehreren Schriften von Augustinus zu belegen sind, ermittelt werden; besonders hilfreich dazu sind die verschiedenen digitalisierten Ausgaben. Zur

Wollte man an die von mir soeben auf ein Minimum zusammengedrängte Augustinische Schöpfungslehre den Maßstab ältester kosmogonischer Mythen anlegen, so wäre der Trinität als Vater und dem Nichts als Mutter in androgyner Verbindung die oberste Stelle (ϒ4) zuzumessen, der zweifachen Urmaterie die nächste (ϒ3), der Geister- und Engelwelt eine Mittelstellung (ϒ2½), der sichtbaren Daseinswelt mit dem Himmel oben die dritte (ϒ2) und der Erde unten die vierte Position (ϒ1). Im anschließenden Diagramm habe ich versucht, den Vorgang der Augustinischen Welterzeugung aus und von nichts in seiner Schematik zu skizzieren. Mit der graphischen Lösung der ersten Phase dieses Geschehens, das ich nach dessen Wortlaut, sozusagen verbalinspiriert, d. h. gegen dessen gemeinten Inhalt, also von einem dualen Primärprinzip aus rekonstruiere, bin ich hinsichtlich des demonstrativen Effekts trotz langer und angestrengter Überlegungen nicht ganz zufrieden. Mein einziger Trost dabei ist die Einsicht, daß das, was nicht vorstellbar, auch nicht darstellbar ist.

Augustinischen Exegese des ersten Genesiskapitels und Umdeutung der dort vorkommenden Hauptkomponenten (Wasser, Tiefe, Finsternis, Erde, Chaos, Geist etc.) in den christlichen Schöpfungsmythos cf. G. Pelland, Cinq études d'Augustin sur le début de la Genèse; R. A. Natividad, La creación en los comentarios de San Agustín al Génesis, pp. 41-93, 125-183.

CREATIO EX NIHILO

SCHÖPFUNG AUS *NICHTS* NACH DEM HL. AUGUSTINUS
(verbal-inspirierte Rekonstruktion)

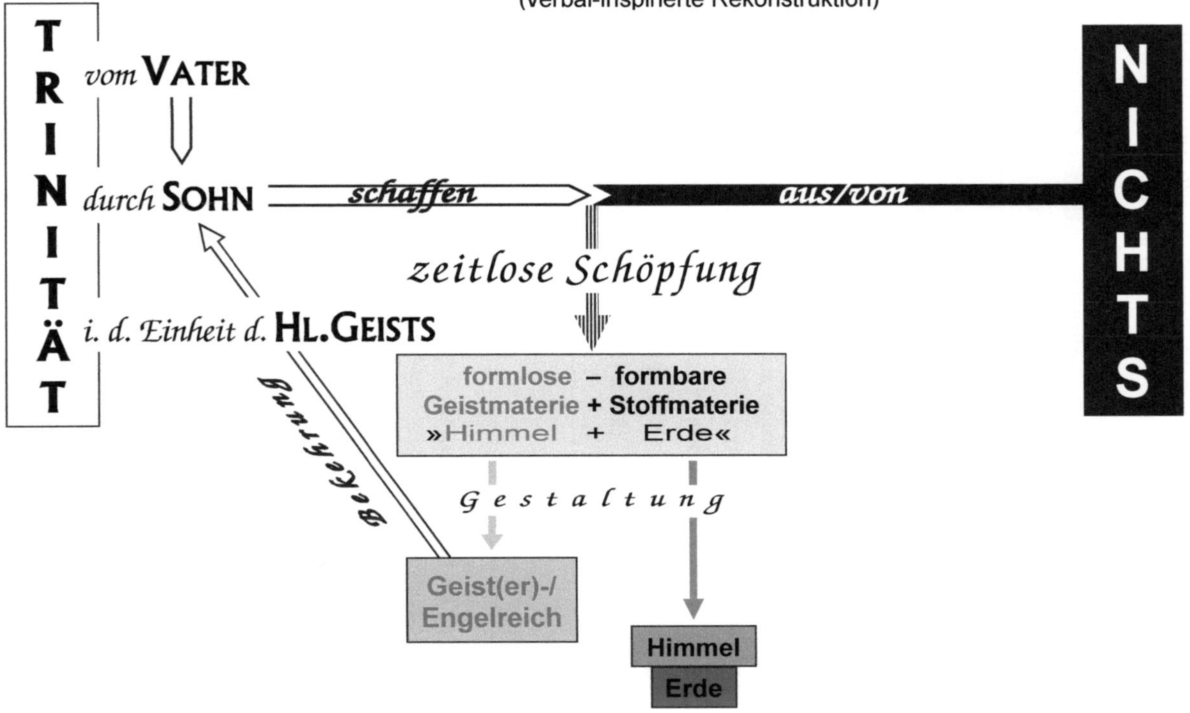

TRINITÄT

vom **VATER**

durch **SOHN**

i. d. Einheit d. **HL. GEISTS**

schaffen

aus/von

NICHTS

zeitlose Schöpfung

formlose – **formbare**
Geistmaterie **+ Stoffmaterie**
»Himmel + Erde«

Gestaltung

Geist(er)-/
Engelreich

Bekehrung

Himmel

Erde

Augustinus versucht den Grundgedanken des Platonischen ›Timaios‹ – seine Verwandtschaft mit altorientalischen Kosmogonien wird im Faszikel II/4, Kapitel 1.1, noch angesprochen – als Übernahme des ersten alttestamentlichen Genesisberichts ktisiologisch[20] zu deuten und plausibel zu machen, daß dieser kein Schöpfungsprinzip außer Gott, dem wahrhaft, weil unveränderlich Seienden (*qui vere est quia incommutabilis est*), biblisch gesprochen, dem »Ich bin, der ich bin« (*Ego sum qui sum*), anerkannt, vielmehr vertreten habe, alles wandelbar Geschaffene sei nicht (*mutabilia facta sunt non sint*).[21] Die ausdrückliche Nennung der *creatio ex nihilo* fehlt hier wie an der Parallelstelle, in welchen beiden Passus sie mit Blick auf die Kosmogonie des ›Timaios‹ erörtert wird.[22] Da die Ausführungen mitunter bis in die Wortwahl mit einem Textabschnitt aus den ›Bekenntnissen‹ übereinstimmen, wo der terminus technicus der „Schöpfung aus (dem) NICHTS" tatsächlich verwendet wird,[23] läßt sich das Argument von der Ausdeutung der Schöpfung im ›Timaios‹ als

---

[20] Der Fachterminus »Ktisiologie« wird von christlichen Theologen in der Bedeutung eines ausschließlich göttlichen, geist- und willensdurchdrungenen, absoluten Schaffens, d.h. eines In-die-Wirklichkeit-Rufens durch Gott ohne weitere Voraussetzung, d.h. aus und von nichts (*ex/de nihilo*), verwendet und mit Bezug auf das göttliche Schöpfungshandeln (hebr. *bara*) der alttestamentlichen Genesislehre gerechtfertigt, cf. J. D. Colditz, Kosmos als Schöpfung, pp. 65–69; den schwankenden Gebrauch Augustins von Kreationsterminologie (die verschiedenen verwendeten lateinischen Verben notierte ich im Haupttext meiner Synopse) dokumentiert N. J. Torchia, *Creatio ex nihilo* and the Theology of St. Augustine, pp. 114–115.

[21] Cf. A. Augustinus, De civitate Dei contra paganos libri viginti duo 8.11, ⟨edd.⟩ B. Dombart / A. Kalb, ⟨tr.⟩ G. Combès, 34.268/273.

[22] Cf. A. Augustinus, De civitate Dei contra paganos libri viginti duo 8.6, ⟨edd.⟩ B. Dombart / A. Kalb, ⟨tr.⟩ G. Combès, 34.252/257.

[23] Cf. A. Augustinus, Confessiones 12.7.7, ⟨ed./tr.⟩ J. Bernhart, pp. 682/683.

eine solche *ex/de nihilo* indirekt dennoch einsichtig machen.[24] Daß Kirchenväter die in diesem Platonischen Dialog vorkommende präexistente Materie als geschaffen, als hervorgebracht ansehen konnten, wurde schon einmal auf die Vagheit seiner Ausführungen zurückgeführt,[25] die auch Augustinus seinen apologetischen Zwecken dienstbar gemacht haben könnte. Derselbe Autor, der dies konstatierte, stellt damit einhergehend jedoch klar, daß die Verhältnisse einigermaßen eindeutig sind.[26] Ich gebe dazu eine kurze Erläuterung:

Es bedarf keiner hermeneutischen Sonderbegabung, um im Platonischen Schöpfungsbericht des ›Timaios‹ zwei Materien

---

[24] M. Landmann, Ursprungsbild und Schöpfertat, p. 142, meint mit dem Hinweis auf die jüdische und frühchristliche Argumentationsfigur, Platon sei in seiner Philosophie von der Mosaischen Weltsicht abhängig, begründen zu können, warum Augustinus aus dem ›Timaios‹ die Lehre von der *creatio ex nihilo* herauslas. Seine Bemerkung ist quellenschriftlich nicht belegt, ebensowenig wie die daran anschließende Behauptung von J. D. Colditz, Kosmos als Schöpfung, p. 58: „Augustin meinte sogar, aus dem platonischen *Timaios* die biblisch in Anspruch genommene creatio ex nihilo herauslesen zu können." T. Buford, The Idea of Creation in Plato, Augustine, and Emil Brunner, vergleicht die Kosmogonien der drei im Titel der Studie genannten Denker, ohne auf die Problematik direkter Bezüge zwischen Platon und Augustinus einzugehen; die Arbeit ist essayistisch, kaum dokumentiert und rechnet den antiken Autoren logische Ungereimtheiten vor, die vom objektiven Blickwinkel aus besehen zwar Plausibilität beanspruchen können, unter geisttheoretischer Betrachtung jedoch wenigstens unsensibel zu nennen sind, was auf Platon bezogen in besonderem Maße zutrifft, da dieser, im Unterschied zum Hl. Augustinus, vom Konstruktcharakter seiner Mytho-Metaphysik ein deutliches Bewußtsein hatte und mit seiner Dialektik, insbesondere des ›Parmenides‹, rücksichtslos die Undurchführbarkeit einer (bruchlosen) philosophischen Nachkonstruktion des Seienden im Bereich des Doxisch-Dianoetischen demonstriert.

[25] Cf. H. A. Wolfson, Studies in the History of Philosophy and Religion, 1.172-175 (Plato's Pre-existent Matter in Patristic Philosophy).

[26] Cf. H. A. Wolfson, Studies in the History of Philosophy and Religion, 1.176 (Plato's Pre-existent Matter in Patristic Philosophy).

ausfindig machen zu können, eine Geistmaterie, das Seiende (*tò ón*), Ewige (*tò aídion*) und stets dasselbe bleibende Sein (*kaì aeì katà tautà echoúsēs ousías / tautà échon*), Feststehende/Verharrende (*mónimon*) und Beständige (*bébaion*), durch Geisteinssicht Erkennbare (*nooúmenon*), mit Geist, Verstand und Einsicht (*noũs/metà lógou/pròs tò lógōj kaì phronḗsei*) und dessen/deren Erkennen (*nóēsei*) allein zu Erfassende (*perilḗpton*), auf das blickend (*blépōn*) der Vater, Gute, Schöpfer, Werkmeister oder Urheber des Alls alles zusammenmischte/-rührte, so auch die dritte Gattung (*triton ex amphoĩn en mésōj sunekerásato ousías eĩdos*), die aus dem ewig selbstgleichen Sein und dem körperlichen, teilbaren Werdenden zusammengesetzte (Welt-) Seele (*psuchḗ*). Diese Protomaterie, ich nenne sie einmal so, ist „ein sich auf dieselbe Weise verhaltendes Gebilde, unentstanden und unvergänglich, weder anderes von anderswoher in sich aufnehmend noch selbst in anderes irgendwohin(ein) gehend, unsichtbar, auch sonst nicht wahrnehmbar, das, worauf also der Geisteinsicht zufiel daraufzuschauen."[27]

Davon weicht die Beschreibung der für die Bildung des Weltkörpers notwendigen Stoffmaterie, geben wir ihr den Namen Deuteromaterie, Grundzustand der vier Urelemente, Bestandteile oder Buchstaben des Alls (*archaí/stoicheĩa toũ pantós*), nur in einem entscheidenden Punkt ab, dem Aufnehmen (*dochḗ*) oder Eindrücke-Erleiden, der hinsichtlich der Entstehens- oder Erzeugungsproblematik jedoch nicht ins Gewicht fällt. Indem Platon das Wesen der Materie anhand des Gleichnisses einzelner Figuren und Gestaltungen in und aus ein und demselben Material, exemplarisch Gold (*chrusós*), erläutert, gibt er folgende Definition:

„Dieselbe Erwägung [wie für das Gold gilt] nun auch von

---

[27] Platon, Timaios 52a1–5: *tò katà tautà eĩdos échon, agénnēton kaì anṓlethron, oúte eis ʻeautò eisdechómenon állo állothen oúte autò eis állo poi ión. aóraton dè kaì állōs anaísthēton, toũto ʻò dḕ nóēsis eilēchen episkopeĩn·*

der alle Körper aufnehmenden Wesenheit. Diese ist als »ewig dieselbe« zu bezeichnen; denn sie tritt aus ihrer Beschaffenheit ganz und gar nicht heraus, nimmt sie doch immer alles auf und nie und nirgends die je irgend gleiche Gestalt wie irgendein Eindringendes an. Denn ihrem Wesen nach liegt sie für alle als prägbare Masse da, bewegt und gestaltet durch das Eindringende, indem sie durch jenes aber bald so, bald anders erscheint. Eindringendes und Heraustretendes aber sind Nachahmungen des Ewigseienden, nach diesem auf eine schwer zu verdeutlichende und wundersame/unerklärliche Weise, der wir ein andermal nachgehen werden, geprägt. ... Nämliches ist dem eben auch angemessen, das dazu bestimmt ist, häufig die Abbilder alles Ewigen wie Seienden ganz über sich selbst hinweg angemessen aufzunehmen: von sich her aller Ideen/ Formen entblößt zu sein. Deshalb würden wir die Mutter und Empfangende des gewordenen Sichtbaren und überhaupt Wahrnehmbaren weder Erde noch Luft, noch Feuer, noch Wasser nennen, noch nach dem, insofern es aus diesen, noch nach dem, aus welchen diese entstanden; es aber ein unsichtbares, amorphes/gestaltloses, all-aufnehmendes Gebilde nennend, das jedoch irgendwie auf höchst aporetische Weise am geistig Einsehbaren teilhat und selbst schwerst zu fassen ist, werden wir nichts Verkehrtes sagen."[28]

---

[28] Platon, Timaios 50b7-50c6 ... 51a1-51b2: *'O autòs dḕ lógos kaì perì tē̃s tà pánta dechoménēs sṓmata phúseōs. Tautòn autḕn aeì prosrētéon· ek gàr tē̃s 'eautē̃s tò parápan ouk exístatai dunámeōs – déchetai te gàr tà pánta, kaì morphḕn oudemían potè oudenì tō̃n eisióntōn 'omoían eílēphen oudamē̃j oudamō̃s· ekmageĩon gàr phúsei pantì keĩtai, kinoúmenón te kaì diaschēmatizómenon 'upò tō̃n eisióntōn, phaínetai dè di' ekeĩna állote alloĩon – tà dè eisiónta kaì exiónta tō̃n óntōn aeì mimḗmata, tupōthénta ap' autō̃n trópon tinà dúsphraston kaì thaumastón, 'ón eis aũthis métimen. ... Tautòn oũn kaì tō̃j tà tō̃n pántōn aeí te óntōn katà pãn 'eautoũ pollákis aphomoiṓmata kalō̃s méllonti déchesthai pántōn ektòs autō̃j prosḗkei pephukénai tō̃n eidō̃n. Diò dḕ tḕn toũ gegonótos 'oratoũ kaì pántōs aisthētoũ mētéra kaì 'upodochḕn mḗte gē̃n aéra mḗte pũr mḗte 'údōr légōmen, mḗte*

Der Materie analog ist auch das Weltprinzip, das dieser Platz und Ort gewährt, das „des immerseienden Raumes, Verschwinden nicht annehmend, allem, soweit es Entstehen besitzt, eine Stelle einräumend, selbst jedoch mittels Wahrnehmungs-/Empfindungs-/Geistlosigkeit durch ein gewisses unechtes/bastardhaftes Überlegen/Erschließen zu fassen, kaum zuverlässig/glaubhaft,“[29] in vielem der von mir so genannten Geistmaterie, dem Seienden, gleich. Stoff und Raum unterscheiden sich von ihr also lediglich darin, daß sie entweder prägbar oder aufnehmbar sind. Als Unwahrnehmbares, Ewiges und Beständiges, d.h. Unentstandenes oder Ungeschaffenes, stimmen sie mit jener überein.

Wie das einheitliche Gebilde der Intellectmaterie, das Seiende (ϒ3), innerhalb eines monistischen Derivationssystems im Stile einer Aitiologie ohne Außeneinwirkung in sich zugleich differenziert und somit ihre eigenen Bilder oder Gestaltungen, die ewig Seienden oder Ideen sein kann, und wie Nachahmungen (ϒ2) dieser Gebilde von ihr ausgehen, auf die Korporalmaterie (ϒ1_0) einwirken und sie prägen sollen, wo sie doch unveränderlich und, wie soeben beschrieben, „weder anderes von anderswoher in sich aufnehmend noch selbst in anderes irgendwohin(ein) gehend“ sein soll – im Text ist das Darauf-Blicken (*blépōn/éblepen*) allein hinreichend –, muß Platon selbst ein Rätsel bleiben, gibt er doch zu, soeben klang es originaliter an, daß letzteres „auf eine schwer zu verdeutlichende und wundersame/unerklärliche Weise“ geschehe. Bezüglich der Zeitdimension der einzelnen Konstruktionseinheiten bleibt m.E.

‘ósa ek toútōn mḗte ex ‘ṑn taũta gégonen· all’ anóraton eĩdós ti kaì ámorphon, pandechés, metalambánon dè aporṓtatá pē̃j toũ noē̃toũ kaì dusalōtótaton autò légontes ou pseusómetha.

[29] Platon, Timaios 52a8–b3: *tò tē̃s chṓras aeí, phthoràn ou prosdechómenon, ‘édran dè paréchon ‘ósa échei génesin pãsin, autò dè met’ anaisthēsías ‘aptòn logismō̃j tini nóthōj, mógis pistón, ...*

nichts anderes übrig, als gut neuplatonisch bei Gott selbst von einem anderen Ewigkeitsbegriff auszugehen, denn bei den übrigen. Während Er, der Demiurg und Gute, potentialzeitlich immerwährend ist, könnte man von Raum und Materie vielleicht von einer zeitgebunden-endlosen Dauerhaftigkeit, Stetigkeit und Beständigkeit sprechen. Das müßte bei der Ermessung der Lebensspanne der siderischen, der himmlischen Götter (Astral-, Kosmos-, All-, Elementargottheiten) wie auch der übrigen Göttergestalten im Platonischen Mythos, Berücksichtigung finden.

Wenn Interpreten, mit welchem Neben- oder Hintergedanken auch immer, aus dem Text also lesen, der »Schöpfer« habe die Welt »erschaffen«, so sind sie auf den gerade entfalteten Kontext und auf die buchstäbliche Bedeutung der verwendeten Begriffe aufmerksam zu machen, daß nämlich genau an der Stelle, wo vom Entstehen des Himmels (*ouranós*) = des Alls (*tò pãn*) = des Kosmos (*kósmos*) die Rede ist, dieser »Schöpfer« ein Kon-strukteur und Synthetiker ist, ein „Zusammensetzer", „Zusammensteller" (*sunistás*) und seine Tätigkeit ein „Zusammensetzen", „Zusammenstellen" oder „Zusammenzimmern", ein „Zusammensinnen" (*suneteḱtaíneto*) oder „Zusammenrühren/-mischen" (*sunekerásato*), dessen edelste Aufgabe es ist, das Ruhelose, sich absurd Bewegende, Ungeordnete, die Urfluktuationen im/des Materie-Raum-Chaos sozusagen, durch Anágkē/Adrásteia, i.e. Gesetzlichkeit und Notwendigkeit, zur Ordnung zu rufen (*ouch 'ēsuchían ágon allà kinoúmenon plēmmelõs kaì atáktos, eis táxin autò ḗgagen ek tẽs ataxías*), er dabei also genauso wenig voraussetzungslos, d.h. aus nichts oder dem Nichts in der wörtlichen Bedeutung schafft, wie bei der visuell-visionären Einwirkung auf das Seiende und insoweit Überkosmische.[30]

[30] Auf unterhaltsame, nicht in jeglicher Hinsicht buchstäblich zu nehmende Weise, thematisiert J. Young, How Chaotic is Plato's Chaos, die

Sieht man einmal von einzelnen unbedeutenden Stellen und Vokabeln im Text ab, die neben dem Demiurgischen und Diakritischen das Generative des Entstehungsvorgangs suggerieren,[31] so gilt, daß keine einzige Konstruktionseinheit einfach nur so aus dem Ein- oder Absolutgott jenseits des Seienden oder dem je übergeordneten Prinzip herausgezaubert wird. Das Modell, oder wie Platon selbst sagt, der „gebührliche Mythos", was qua Konstruktcharakter gleiches meint, spiegelt nämlich eher die Struktur der Re–flexion in ihrer dual-oppositionellen Eigenschaft wider, denn die Herkunft und damit Genealogie der Welt, Über- und Unterwelt, die die Merkmale von Ur-Sache (wegen/*propter*) und Zeitfolge (nach/*post*) trägt, auch wenn Platon Ontologie und Epistemologie wild durcheinanderwirft. Auf die mit der Funktion und Position des Demiurgen oder Weltkonstrukteurs in Zusammenhang mit dem Platonischen GeistWelt-Gebäude zusammenhängende Problematik werde ich im nächsten Faszikel einigermaßen ausführlich zurückkommen.

„Die Philosophen wie die Erzähler der Mythen wissen es nicht anders, als daß aus Nichts nichts werden kann. Die Theologen wissen genau das Gegenteil. ... Das Instrument der dabei auftretenden Umdeutung, in der sich eine ganz neue Auffassung durchsetzt, ist das, was ich das produktive Mißverständnis nennen möchte. Was dem Mystiker eine tiefe Intuition, ein großes Symbol ist, erscheint unter dem nüchternen Blick des Historikers der Begriffe – oder gar des Philosophen – als ein Mißverständnis philosophischer Konzeptionen. Aber gerade im Mißverständnis erweisen solche Konzeptionen in der Religionsgeschichte ihr produktives Wesen und sichern, freilich

ordnende Funktion des Demiurgen im ›Timaios‹, während er ihm dadurch eine schöpferische Funktion im eigentlichen Sinne abspricht.

31 Cf. A. Olerud, L'idée de macrocosmos et de microcosmos dans le Timée de Platon, pp. 101–102.

um den Preis ihrer Fragwürdigkeit, die Kontinuität der religiösen Sprachwelt."[32]

Die formale Stabilität kosmogonischer Spekulationen, die aufgrund dieser theoretischen Erwägungen zu erwarten ist, ist denn auch empirisch zu verifizieren, indem z. B. in den Umgestaltungen des jüdischen ,Ur-Amalgams' altorientalischer Lehren zu und in europäischen Weltschöpfungsmythen die Züge des Anfangs, d. h. der Prinzipien, deutlich erkennbar bleiben. Das wurde in der Doxographie bereits für die Kosmogenese in der ›Edda‹ und gewissermaßen auch im Platonischen ›Timaios‹ in Anspruch genommen, wobei beide offensichtlich als Entwicklungen aus der alttestamentlichen Genesis ge- bzw. mißdeutet werden, welche zudem christlich, also gegen den Sinn jüdischen Selbstverständnisses, vereinnahmt wird:

„Darnach ist die Vorschöpfungsgeschichte der Edda, in welchen Formen sie sich auch vorführen mag, durch und durch unheidnisch, durch und durch christlich. Die eigentliche Schöpfungsgeschichte lehrt dasselbe. ... Die ›Völuspa‹ gibt also die durch den ›Timaeus‹ hie und da modifizierten Genesismotive des Schöpfungsbeginnes zuweilen poetisch frei, immer aber sachlich genau wieder. Für das griechische Chaos und den gähnenden leeren Raum konnte kaum eine treffendere Übersetzung gefunden werden als das gap ginnunga, die Gähnung der Gähnungen. Nur ein einziger Hauptbegriff dieser Schöpfungspartie, die formlose Materie, hat noch nicht sein nordisches Gegenstück gefunden, wenn es nicht in dem räthselhaften Namen Yimir steckt. Ist aber die Identität der Materie und Yimirs dargetan, so muß vollends jeder Zweifel über das Verhältnis des ›Völuspa‹ zur christlichen Kosmogonie

---

[32] G. Scholem, Über einige Grundbegriffe des Judentums, pp. 67–68 (Schöpfung aus Nichts und Selbstverschränkung Gottes) ≈ idem, Schöpfung aus Nichts und Selbstverschränkung Gottes, p. 99.

schwinden."[33] Welche Einsichten könnten uns von dem soeben zitierten Forscher erst mitgeteilt werden, wenn er über den Tellerrand ‚christlich'-griechischer Weltanschauung hinausgeblickt hätte!

Indem in jedes geist-welt-konstitutive Prinzip das Grundwebmuster des begriffsgebundenen Re-flektierens eingewirkt ist, paarig verbundene Gegensätzlichkeit, sind sie sowohl positiv, in Seinskategorien, als auch negativ, in Nichtskategorien, ausdrückbar. Demgemäß lassen sich aus den Platonischen Dialogen denn auch wenigstens fünf Arten des Nichts oder Quasi-Nichts herauslesen: a) das „Ist-nicht" und „Ist-nicht-Eines" des „Einen" an sich (*tò 'én oúte 'én estin oúte éstin*) am Schluß der ersten Hypothese des ›Parmenides‹,[34] des „jenseits des Seienden/Seins/Wesenhaften" (*epékeina tẽs ousías*) und ‚über Geist(einsicht), Wissen und Wahrheit' (*'upèr taũta kállei estín*) im Sonnengleichnis[35] und „Weder-Noch" des „Schönen" (*tò kalón*) im ›Symposion‹[36]; b) das „Zwischen-Sein-und-Nichts" (*metaxù ousías te kaì toũ mè̃ eĩnai*) „der einzelnen Vielen" (*'ékaston tõn pollõn toũto*) wie das „Sein-Nichts und klar unterschieden keines von beiden zu nennende" (*tò amphotérōn metéchon, toũ eĩnai te kaì mè̃ eĩnai, kaì oudéteron eilikrinès orthõs àn prosagoreuómenon*) „Vermein- oder Vorstellbare" (*doxastón*) der ›Politeia‹;[37] c) das Nichts des „anderen" (*'éteron*) im ›Sophistes‹,[38] das zusammen mit d) dem soeben vorgestellten »Nichts« von Raum und Materie im ›Timaios‹ zu lesen ist,

---

33 E. H. Meyer, Die eddische Kosmogonie, pp. 68 ... 70.

34 Cf. Platon, Parmenides 141d8-142a8.

35 Cf. Platon, Politeia 509b6-10.

36 Cf. Platon, Symposion 210e1-211c9.

37 Cf. Platon, Politeia 479c3-d1; 478e1-6.

38 Cf. Platon, Sophistes 241d5-8; 256d12-e4 etc.

und e) das absurde, undenkbare (*adianóētón*) und unsagbare (*árrēton*), aber doch irgendwie widersprüchlich (*enantía autòn 'autō̃j perì ekeĩno anagkázesthai légein*) gedachte und ausgesprochene, denk- und aussprechbare (*tò mè òn gàr phēmí*) nihilistische „Garnichts" (*tò mēdamō̃s òn/tò mè òn autò kath' 'autó*) des ›Sophistes‹, der ›Politeia‹ und weiterer Dialoge.[39]

Die meisten dieser Weisen der Nichtexistenz werden im Neuplatonismus, zu einem multiplen Nichts weitergedacht, in das hierarchische System des BewußtSeins eingepaßt, womit eine mē-ontologische, oudenologische oder kenologische Ausdrucksform der Geisttheorie gefunden wäre.[40] Eine solche ist im Vijñānavāda-Buddhismus gleichfalls explizit formuliert ist. Die für die Nichtshaftigkeit gebrauchten Termini (Gehalt- und Wesenlosigkeit) der Stadien des Ansichseins darin lauten: *niḥ-svabhāvatā, abhāva, asat-kalpa, abhūta-parikalpa.*[41] Nicht Schöpfung aus oder von nichts, sondern Nicht-Schöpfung aus nichts von gar nichts zu überhaupt nichts!

---

39 Cf. Platon, Sophistes 237b7-239c8; idem, Politeia 478b6-c10; idem, Euthydemos 284b1-c7; idem, Theaitetos 189a7-b3.

40 Cf. P. Hadot, Porphyre et Victorinus, 1.147-211, mit ausführlicher Dokumentation.

41 Cf. Vasubandhu, Vijñaptimātratāsiddhi-Triṃśikā 23-25; idem, Trisvabhāva-Kārikā 3-5; 26; Saṃdhinirmocana-Sūtra 7.1-10; 7.24, deutsch bei E. Frauwallner, Die Philosophie des Buddhismus, pp. 188-192; Übersicht in C. Sharma, A Critical Survey of Indian Philosophy, pp. 119-121. Diese noologischen Nichtse weisen keinen direkten Zusammenhang mit den Nichts-Vorstellungen (*abhāva*) der orthodoxen EpistemoLogik-Systeme der Hindus (Nyāya-Vaiśeṣika), die besser Abwesenheitsvorstellungen genannt werden sollten, auf; letztere erinnern ganz entfernt an die Platonischen Nichtseinsdefinitionen; kurze Übersicht dazu bei F. Chenet, Approches indiennes du non-être, du néant et de la vacuité, pp. 370-376.

Literatur

Albert, Karl: Griechische Religion und Platonische Philosophie, Hamburg 1980

Albert, Karl: Philosophie der Philosophie, Sankt Augustin [1]1988 (enthält: Die ontologische Erfahrung, pp. 7-208; Mystik und Philosophie, pp. 209-428; Studien zur Philosophie der Philosophie, pp. 429-620)

Albert, Karl: Vom Kult zum Logos. Studien zur Philosophie der Religion, Hamburg 1982

Alderink, Larry J.: Creation and Salvation in Ancient Orphism, Chico/CA 1981

Anthologia Graeca: ⟨ed./tr.⟩ Beckby, Hermann, 4 Bde., München [2]verb. s.a. ([1]1957-1958)

Aristophanes: Comoediae, Tomus 1, ⟨edd.⟩ Hall, F. W. / Geldart, W. M., Oxonii [2]1945 ([1]1900)

Aristophanes: Sämtliche Komödien, Bd. 2, ⟨tr.⟩ Seeger, Ludwig, Zürich 1953

Augustinus, Aurelius: Confessiones (lat./dt.), ⟨ed./tr.⟩ Bernhart, Joseph, Frankfurt/M. 1987 ([1]1955)

Augustinus, Aurelius: Confessiones (lat./frz.), ⟨ed.⟩ Skutella, M., ⟨trr.⟩ Tréhorel, E. / Bouissou, G., ⟨introd./adnot.⟩ Solignac, A., 2 tomes, Œuvres de Saint Augustin, tomes 13-14, deuxième série, Paris 1962

Augustinus, Aurelius: De civitate Dei contra paganos libri viginti duo (lat./frz.), ⟨edd.⟩ Dombart, B. / Kalb, A., ⟨tr.⟩ Combès, G.: La Cité de Dieu, 5 tomes, Œuvres de Saint Augustin, tomes 33-37, cinquième série, Paris 1959-1960

Augustinus, Aurelius: De genesi ad litteram imperfectus liber (lat./frz.), ⟨ed.⟩ Zycha, J., ⟨rev.⟩ Monat, Pierre, ⟨tr.⟩ Monat, Pierre: Sur la Genèse au sens littéral, livre inachevé, Œuvres de Saint Augustin, tome 50, septième série, Paris 2004, 385-580

Augustinus, Aurelius: De genesi ad litteram libri duodecim (lat./frz.),

⟨ed.⟩ Zycha, J., ⟨trr.⟩ Agaësse, P. / Solignac, A.: La Genèse au sens littéral en douze livres, 2 tomes, Œuvres de Saint Augustin, tomes 48-49, septième série, Paris 1972

Augustinus, Aurelius: De Genesi contra Manichaeos (lat./frz.), ⟨ed.⟩ Mauristes, ⟨rev.⟩ Monat, Pierre, ⟨tr.⟩ Monat, Pierre: Sur la Genèse contre les Manichéens, Œuvres de Saint Augustin, tome 50, septième série, Paris 2004, 1-383

Augustinus, Aurelius: Œuvres complètes de Saint Augustin évêque d'Hippone (lat./frz.), 33 tomes, ⟨edd./trr.⟩ Péronne, Joseph Maxence et al., Paris 1869-1878

Barta, Winfried: Untersuchungen zum Götterkreis der Neunheit, München–Berlin 1973

Berendt, Joachim Ernst: Nada Brahma. Die Welt ist Klang, Frankfurt/M. 1983

Bernabé, Alberto / Mendoza, Julia: Pythagorean Cosmogony and Vedic Cosmogony (RV 10.129). Analogies and Differences, in: Phronesis 58 (2013), Leiden–Boston, 32-51

Bernhardt, K.-H.: בָּרָא II.1., in: ⟨edd.⟩ Botterweck, G. Johannes / Ringgren, Helmer / Fabry, Heinz-Josef: Theologisches Wörterbuch zum Alten Testament, 10 Bde., Stuttgart–Berlin–Köln–Mainz 1973-2000, 1.773

Bottéro, Jean: La naissance du monde selon Israel, in: Secrétariat de rédaction, Esnoul, Anne-Marie et al.: La naissance du monde, Paris 1959, 185-234

Brisson, Luc: Orphée. Poèmes magiques et cosmologiques, Paris 1993

Brisson, Luc: Orphée et l'Orphisme dans l'Antiquité gréco-romaine, Aldershot–Brookfield/VT 1995

Brugsch, Heinrich: Religion und Mythologie der alten Aegypter. Nach den Denkmälern, Leipzig 1969 (Nachdr. d. Ausg. Leipzig 1891; ^{1}1888)

Budge, E. A. Wallis: The Gods of the Egyptians or Studies in Egyptian Mythology, 2 Vols., Chicago–London 1904

Buford, Thomas: The Idea of Creation in Plato, Augustine, and Emil Brunner, Ann Arbor/MI 1963 (Phil. Diss.)

Bundahišn: ⟨ed./tr.⟩ Anklesaria, Behramgore Tehmuras: Zand-Ākāsīh. Iranian or Greater Bundahišn (pahl./engl.), Bombay

(Mumbai) 1956

Bundahišn: ⟨tr.⟩ West, Edward W.: Pahlavi Texts, Part I: The Bundahis, Bahman Yast, and Shâyast Lâ-Shâyast, Oxford 1880, 1-187

Burkert, Walter: Die Griechen und der Orient. Von Homer bis zu den Magiern. Aus dem Italienischen ins Deutsche übertragen vom Verfasser, München 2003 (ital. Originalausg. Venedig [1]1999)

Burkert, Walter: Kleine Schriften, 8 Bde., ⟨edd.⟩ Riedweg, Christoph / Gemelli Marciano, M. Laura / Graf, Fritz / Krummen, Eveline / Rösler, Wolfgang / Slezák, Thomas A. / Stanzel, Karl-Heinz, Göttingen 2001-2011

Calame, C.: Orphik, in: ⟨edd.⟩ Cancik, Hubert / Schneider, Helmuth: Der neue Pauly. Enzyklopädie der Antike, Bd. 9, Stuttgart–Weimar 2000, 58-69

Chenet, François: Approches indiennes du non-être, du néant et de la vacuité, in: ⟨ed.⟩ Laurent, Jérôme: Dire le néant, Caen Cedex 2007, 365-384

Clemen, Carl: Die phönikische Religion nach Philo von Byblos, Leipzig 1939

Colditz, Jens Dietmar: Kosmos als Schöpfung. Die Bedeutung der creatio ex nihilo vor dem Anspruch moderner Kosmologie, Regensburg 1994

Contenau, Georges: La Civilisation Phénicienne, Paris [2]1949 ([1]1926)

Copan, Paul / Craig, William Lane: Creation out of Nothing. A Biblical, Philosophical, and Scientific Exploration, Grand Rapids/MI 2004

Cordo, Luciano A.: ΧΑΟΣ. Zur Ursprungsvorstellung bei den Griechen, Idstein 1989

Cupitt, Don: Creation out of Nothing, London–Philadelphia/PA 1990

Dahlquist, Allan: Megasthenes und indische Religion. Eine Studie über Motive und Typen. Ein Versuch, Ordnung in die Chronologie der indischen Religionsgeschichte zu bringen, 2 Bde., Hässleholm/Schweden 1990-1991

Dahlquist, Allan: Die Geschichte der philosophischen Motive in Indien und im Griechenland des Altertums. Die Geschichte der religiös gefärbten Motive in Griechenlands und Indiens philosophischen Systemen, 2 Vols., Hässleholm/Schweden 1992

Damaskios: De principiis (gr./frz.), 3 tomes, ⟨ed.⟩ Westerink, Leendert Gerrit, ⟨tr.⟩ Combès, Joseph: Damascius: Traité des Premiers Principes, Paris 1986-1991

Damaskios: Damascii successoris Dubitationes et solutiones de primis principiis, in Platonis Parmenidem (Aporiai kai lyseis), 2 vol., ⟨ed.⟩ Ruelle, Charles Émile, Amsterdam 1966 (Nachr. d. Ausg. Paris [1]1899)

DeLano, Joan Heuer: The "Exegesis" of "Enuma Elish" and Genesis 1 – 1875 to 1975. A Study in Interpretation, Milwaukee/WI 1985

Delatte, Armand: Études sur la littérature pythagoricienne, Genève 1974 (Reprint d. Ausg. Paris 1915)

Denzinger, Heinrich / Schönmetzer, Adolf: Enchiridion symbolorum definitorum et declarationum de rebus fidei et morum (lat./dt.), Barcinone et al. [37]1991

Diels, Hermann / Kranz, Walther: Die Fragmente der Vorsokratiker (gr./dt.), 3 Bde., Zürich–Hildesheim [6]1972-1985 (Nachdr.)

Dīgha-Nikāya: ⟨edd.⟩ Rhys Davids, T. W. / Carpenter, J. Estlin, 3 Vols., London 1890-1911

Dīgha-Nikāya: ⟨trr.⟩ Rhys Davids, T. W. / Rhys Davids, C. A. F.: Dialogues of the Buddha, 3 Vols., London 1899-1921

Dīgha-Nikāya: ⟨tr.⟩ Franke, Otto: Dīghanikāya. Das Buch der Langen Texte des Buddhistischen Kanons. In Auswahl übersetzt, Göttingen–Leipzig 1913

Diogenes Laërtios: De vitis dogmatis et apophthegmatis eorum qui in philosophia claruerunt (gr./engl.), ⟨ed./tr.⟩ Hicks, R. D.: Lives of Eminent Philosophers, 2 Vols., Cambridge/MA–London 1980 & 1979 (viele Nachdrucke)

Pseudo-Dionysios Areopagita: Corpus Dionysiacum I. De divinis nominibus, ⟨ed.⟩ Suchla, Beate Regina, Berlin–New York 1990

Pseudo-Dionysios Areopagita: Corpus Dionysiacum II. De coelesti hierarchia. De ecclesiastica hierarchia. De mysica theologia. Epistulae, ⟨edd.⟩ Heil, Günter / Ritter, Adolf Martin, Berlin–New York 1991

Pseudo-Dionysios Areopagita: Die Namen Gottes, ⟨tr.⟩ Suchla, Beate Regina, Stuttgart 1988

Pseudo-Dionysios Areopagita: Über die himmlische Hierarchie. Über die kirchliche Hierarchie, ⟨tr.⟩ Heil, Günter, Stuttgart 1986

Ebeling, Erich ⟨ed./tr.⟩: Das babylonische Weltschöpfungslied, Breslau 1921

Ebeling, Erich ⟨tr.⟩: Das babylonische Weltschöpfungslied »Als droben« [Enuma Eliš], in: ⟨ed.⟩ Gressmann, Hugo: Altorientalische Texte zum Alten Testament, Berlin–Leipzig [2]1926, 108-129, 138

Eisler, Robert: Weltenmantel und Himmelszelt. Religionsgeschichtliche Untersuchungen zur Urgeschichte des antiken Weltbildes, 2 Bde. mit durchlaufender Paginierung, München 1910

Eissfeldt, Otto: Kleine Schriften, ⟨edd.⟩ Sellheim, Rudolf / Maass, Fritz, 6 Bde., Tübingen 1962-1979

Eliade, Mircea: Geschichte der religiösen Ideen, 4 Bde. in 5 Tln., Freiburg–Basel–Wien 1978 (frz. Originalausg. Paris 1976)

Eliade, Mircea: Kosmos und Geschichte. Der Mythos der ewigen Wiederkehr, Frankfurt/M. 1981 (französische Originalausgabe Paris 1949; erste deutsche Ausg.: Düsseldorf 1953)

Epiphaneios: Adversus Haereses, ⟨ed.⟩ Holl, Karl: Epiphanius (Ancoratus und Panarion), 3 Bde., Leipzig 1915-1933

Erichsen, Wolja / Schott, Siegfried: Fragmente memphitischer Theologie in demotischer Schrift (Pap. demot. Berlin 13603), in: Abhandlungen der Geistes- und Sozialwissenschaftlichen Klasse der Akademie der Wissenschaften und der Literatur, Mainz, Jg. 1954, Nr. 7, Wiesbaden, 299-394

Erkes, Eduard: Chinesisch-amerikanische Mythenparallelen, in: T'oung Pao 24 (1926), Leiden et al. (Köln), 32-53

Eusebeios Pamphilos ⟨Caesariensis⟩: Praeparatio evangelica (gr./frz.), 9 Vols., ⟨edd./trr.⟩ Sirinelli, Jean / des Places, Éduoard et al., Paris 1974-1991

Ewald, Heinrich: Abhandlung über die Phönikischen Ansichten von der Weltschöpfung und den geschichtlichen Werth Sanchuniathon's, Abhandlungen der historisch-philologischen Classe der königlichen Gesellschaft der Wissenschaften zu Göttingen 5 (1851/52), Göttingen 1853 (Nachdr. Nendeln/Liechtenstein 1971)

Fischer, Klaus: ›Oriental Connection‹ – Frühgriechische Wissenschaft und orientalische Traditionen, in: ⟨edd.⟩ Yousefi, Hamid Reza / Fischer, Klaus: Wege zur Philosophie. Grundlagen der Interkulturalität, Nordhausen 2006, 109-146

Fränkel, Hermann: Dichtung und Philosophie des frühen Griechentums. Eine Geschichte der griechischen Epik, Lyrik und Prosa bis zur Mitte des fünften Jahrhunderts, München [3]1969, durchgesehen ([1]1950)

Frauwallner, Erich: Die Philosophie des Buddhismus, Berlin [5]2010 ([1]1956)

Frenkian, Aram M.: L'Orient et les origines de l'idéalisme subjectif dans la pensée européenne, tome 1: La doctrine théologique de Memphis (L'inscription du roi Shabaka), Paris 1946 (weitere Bände sind nicht erschienen)

Galling, Kurt: Der Charakter der Chaosschilderung in Gen. 1,2, in: Zeitschrift für Theologie und Kirche 47 (1950), Tübingen, 145-157

Garelli, Paul / Leibovici, Marcel: La naissance du monde selon Akkad, in: Secrétariat de rédaction, Esnoul, Anne-Marie et al.: La naissance du monde, Paris 1959, 115-152

Gigon, Olof: Der Ursprung der griechischen Philosophie. Von Hesiod zu Parmenides, Basel–Stuttgart [2]1968 ([1]1945)

Gilgamesch-Epos: ⟨tr.⟩ Maul, Stefan M., München 2005

von Glasenapp, Helmuth: Buddhismus und Gottesidee. Die buddhistischen Lehren von den überweltlichen Wesen und Mächten und ihre religionsgeschichtlichen Parallelen, in: Abhandlungen der Geistes- und Sozialwissenschaftlichen Klasse der Akademie der Wissenschaften und der Literatur, Mainz, Jg. 1954, Nr. 8, Wiesbaden, 395-525

Görg, Manfred: Ein Haus im Totenreich. Jenseitsvorstellungen in Israel und Ägypten, Düsseldorf 1998

Grapow, Hermann: Die Welt vor der Schöpfung, in: Zeitschrift für ägyptische Sprache und Altertumskunde 67 (1931), Osnabrück 1967 (Nachdr. der Originalausg Berlin), 34-38

Grimm, Jacob und Wilhelm: Deutsches Wörterbuch, 17 Bde. in 33 Tln., Leipzig 1854-1960

Guénon, René: L'Homme et son devenir selon le Vêdânta, Paris 1941 ([1]1925)

Haase, Rudolf: Natur – Geist – Seele. Harmonik und Metaphysik des quadratischen und des runden Lambdoma, Wien 1985

Haavio, Martti: Väinämöinen. Eternal Sage, Helsinki 1952

Hadot, Pierre: Porphyre et Victorinus, 2 tomes, Paris 1968

Heidegger, Martin: Aus der Erfahrung des Denkens 1910-1976, Gesamtausgabe Bd. 13, ⟨ed.⟩ von Herrmann, Friedrich-Wilhelm, Frankfurt/M. 1983

Heidegger, Martin: Unterwegs zu Sprache, Pfullingen ^{7}1982 (^{1}1959)

Heidel, Alexander: The Babylonian Genesis. The Story of Creation, Chicago–London ^{2}1969 (repr. of ^{2}1951; ^{1}1942)

Heidel, Alexander: The Meaning of *mummu* in Akkadian Literature, in: Journal of Near Eastern Studies 7 (1948), Chicago/IL, 98-105

Hellbom, Anna-Britta: The Creation Egg, in: Ethnos (28) 1963, London, 63-105

Hesiodos: Theogonia (gr./dt.), ⟨ed./tr.⟩ Albert, Karl: Hesiod. Theogonie, Kastellaun 1978

Himelblau, Jack J.: Quiche Worlds in Creation. The Popol Vuh as a Narrative Work of Art, Culver City/CA 1989

Hippolytos Romaîos: Refutatio omnium haeresium, ⟨ed.⟩ Marcovich, Miroslav, Berlin–New York 1986

Hippolytos Romaîos: Refutatio omnium haeresium, ⟨tr.⟩ Preysing, Konrad: Des Heiligen Hippolytus von Rom Widerlegung aller Häresien (Philosophumena), Kempten 1922

Hoàng-sy-Quý, Hoành-son: Le mythe indien de l'Homme cosmique dans son contexte culturel et dans son évolution, in: Revue de l'histoire des religions 175 (1969), Paris, 133-154

Hölscher, Uvo: Anaximander und die Anfänge der Philosophie I + II, in: Hermes 81 (1953), Wiesbaden–Stuttgart, 257-277 & 385-418; ebenso in: ⟨ed.⟩ Gadamer, Hans-Georg: Um die Begriffswelt der Vorsokratiker, Darmstadt 1968, 95-176

Holenstein, Elmar: Philosophie-Atlas. Orte und Wege des Denkens, Zürich ^{2}2004

(Pseudo-)Iamblichos: Theologvmena arithmeticae, ⟨ed.⟩ Falco, Victorius de, ⟨add./corr.⟩ Klein, Udalricus, Stuttgart 1975 (^{1}1922)

(Pseudo-)Iamblichos: Theologvmena arithmeticae, ⟨tr.⟩. Waterfield, Robin: The Theology of Arithmetic. On the Mystical, Mathematical and Cosmological Symbolism of the First Ten Numbers, Attributed to Iamblichus, Grand Rapids/MI 1988

von Ivánka, Endre: Dionysius Areopagita: Von den Namen zum

Unnennbaren, Einsiedeln [2]1981

Jaeger, Werner: Die Theologie der frühen griechischen Denker, Stuttgart 1964

Junker, Hermann: Die Götterlehre von Memphis (Schabaka-Inschrift), Abhandlungen der Preußischen Akademie der Wissenschaften zu Göttingen, Philologisch-historische Klasse, Jg. 1939, Nr. 23, Berlin 1940

Kazanas, Nicholas: Indo-Aryan Origins and other Vedic Issues, New Delhi 2009

von Kempski, Jürgen: Zimzum: Die Schöpfung aus dem Nichts, in: Merkur 14 (1960), Stuttgart, 1107–1126

King, Leonard William: Enuma Elish. The Seven Tablets of Creation or the Babylonian and Assyrian Legends concerning the Creation of the World and of Mankind (babylon./assyr./engl.), 2 Vols., New York 1976 (reprint of the edition: London 1902)

Klowski, Joachim: Zum Entstehen der Begriffe Sein und Nichts und der Weltentstehungs- und Weltschöpfungstheorien im strengen Sinne, in: Archiv für Geschichte der Philosophie 49 (1967), Berlin, 121–148, 225–254

Koch, Hugo: Pseudo-Dionysius Areopagita in seinen Beziehungen zum Neuplatonismus und Mysterienwesen. Eine Litterarhistorische Untersuchung, Mainz 1900

Lämmli, Franz: Vom Chaos zum Kosmos. Zur Geschichte einer Idee, 2 Bde., Basel 1962

Landmann, Michael: Ursprungsbild und Schöpfertat. Zum platonisch-biblischen Gespräch, München 1966

Lévêque, Pierre: Aurea Catena Homeri. Une étude sur l'allégorie grecque, Paris 1959

Lincoln, Bruce: The Indo-European Myth of Creation, in: History of Religions 15 (1975), Chicago, 121–145

Long, Charles H.: Alpha. The Myths of Creation, New York 1963

Long, Charles H.: Cosmogony, in: ⟨ed.⟩ Eliade, Mircea: The Encyclopedia of Religion, Vol. 4, New York–London 1987, 94–100

Lukas, Franz: Das Ei als kosmogonische Vorstellung, in: Zeitschrift des Vereins für Volkskunde 4 (1894), Berlin, 227–243

Mackenzie, Donald A.: Myths of China and Japan, Boston/MA 1977

(reprint of the edition: London 1923)

Mainyo-i-Khard: The Pazand and Sanskrit Texts (in Roman Characters) as Arranged by Neriosengh Dhaval, in the fifteenth Century, ⟨ed.⟩ West, E. W., Stuttgart–London 1871

Mainyo-i-Khard (engl.): Pahlavi Texts, Part 3: Dīnā-ī Maīnōg-Ī Khirad, Sikand-Gūmānīk Vigār, Sad Dar, Delhi et al. 1965 (reprint of ed. Oxford 1885)

Mansfeld, Jaap: Die Vorsokratiker (gr./dt.), 2 Bde., Stuttgart 1995-1996 (Nachdr. d. Ausg. 1983-1986)

May, Gerhard: Schöpfung aus dem Nichts. Die Entstehung der Lehre von der creatio ex nihilo, Berlin–New York 1978

McEvilley, Thomas: The Shape of Ancient Thought: Comparative Studies in Greek and Indian Philosophies, New York 2002

Meyer, Elard Hugo: Die eddische Kosmogonie. Ein Beitrag zur Geschichte der Kosmogonie des Altertums und des Mittelalters, Freiburg/Br. 1891

Meyer, Hans: Geschichte der Lehre von den Keimkräften von der Stoa bis zum Ausgang der Patristik, nach den Quellen dargestellt, Bonn 1914

Migne, Jacques-Paul: Patrologia Latina, 221 Vol., Paris 1844-1865 (Nachdrucke und elektronische Fassungen verfügbar)

Nakamura, Hajime: A Comparative History of Ideas, London–New York–Sydney–Henley-on-Thames ²1986 (Tokyo ¹1975)

Natividad, Rodolfo Arteaga: La creación en los comentarios de San Agustín al Génesis, Marcilla 1994

Nauck, August: Tragicorvm Graecorvm Fragmenta (Supplementum adiecit Bruno Snell), Hildesheim–Zürich–New York ²1983 (Nachdruck d. Ausg. Leipzig ²1889)

Notter, Viktor: Biblischer Schöpfungsbericht und ägyptische Schöpfungsmythen, Stuttgart 1974

Nyberg, Henrik S.: Die Religionen des Alten Iran, Leipzig 1938

Obenga, Théophile: L'Afrique dans l'antiquité. Égypte pharaonique – Afrique Noire, Paris 1973

Obenga, Théophile: L'Égypte, la Grèce et l'école d'Alexandrie. Histoire interculturelle dans l'Antiquité aux sources égyptiennes de la philosophie grecque, Gif-sur-Yvette–Paris et al. 2005

Olerud, Anders: L'idée de macrocosmos et de microcosmos dans le Timée de Platon. Étude de mythologie comparée, Uppsala 1951

Otto, Eberhard: Altägyptischer Polytheismus. Eine Beschreibung, in: Saeculum 14 (1963), Freiburg–München, 249-285

Otto, Walter F.: Die Gestalt und das Sein. Gesammelte Abhandlungen über den Mythos und seine Bedeutung für die Menschheit, Darmstadt [2]1959 ([1]1955)

Pelland, Gilles: Cinq études d'Augustin sur le début de la Genèse, Tournai–Montréal 1972

Platon: Werke (gr./dt.), 8 Bde. in 9 Tln., ⟨ed.⟩ Eigler, Gunther, Text der Œuvres complètes (gr./frz.), 14 Bde. in 26 Tln., verschiedener Editoren der Société d'Édition les Belles Lettres, Paris, unterschiedliche Jahrgänge und Auflagen, ⟨trr.⟩ Schleiermacher, Friedrich / Kurz, Dietrich / Müller, Hieronymus / Schöpsdau, Klaus, verschiedene Bearbeiter, Darmstadt [3]1990 (Sonderausgabe von [3]1990 der Ausg. Darmstadt 1973)

Platon: Jubiläumsausgabe sämtlicher Werke zum 2400. Geburtstag (Artemis-Paperbackausgabe), 8 Bde., ⟨tr.⟩ Rufener, Rudolf, Zürich–München 1974

Popol Vuh: ⟨tr.⟩ Cordan, Wolfgang: Das Buch des Rates. Mythos und Geschichte der Maya, München 1998 ([1]1962)

Popol Vuh: ⟨tr.⟩ Seler, Eduard: Popol Vuh. Das Heilige Buch der Quiché Guatemalas, Berlin 1975

Preuss, Konrad Theodor: Religion und Mythologie der Uitoto. Textaufnahmen und Beobachtungen bei einem Indianerstamm in Kolumbien, Südamerika, Bd. 1, Göttingen–Leipzig 1921

Proklos: In Platonis Timaevm Commentaria, 3 Bde., ⟨ed.⟩ Diehl, Ernst, Leipzig 1903-1906

Proklos: In Platonis Timaeum, ⟨tr.⟩ Festugière, A. J.: Proclus: Commentaire sur le Timée, 5 tomes, Paris 1966-1968

Radhakrishnan, Sarvepalli: Eastern Religions and Western Thought, Delhi et al. [2]1982 (4th impr.; [1]1939)

Rapaport, I.: The Babylonian Poem Enuma Elish and Genesis Chapter One. A new Theory on the relationship between the ancient cuneiform composition and the Hebrew Scriptures, Melbourne 1979

Reiser, Hans: Das Geheimnis der pythagoreischen Tetraktys,

Heidelberg 1967

Röth, Eduard: Geschichte unserer Abendländischen Philosophie. Entwicklungsgeschichte unserer spekulativen, sowohl philosophischen als religiösen Ideen von ihren ersten Anfängen bis auf die Gegenwart, 2 Bde. in 3 Tln., Mannheim 1846-1858

Säve-Söderberg, Torgny: Götterkreise, in: Lexikon der Ägyptologie, Bd. 2, begründet von Helck, Wolfgang / Otto, Eberhard, ⟨edd.⟩ Helck, Wolfgang / Westendorf, Wolfhart, Wiesbaden 1977, 686-696

Sandman Holmberg, Maj: The God Ptah, Lund–Copenhagen 1946

Sauneron, Serge / Yoyotte, Jean: La naissance du monde selon l'Égypte ancienne, in: Secrétariat de rédaction, Esnoul, Anne-Marie et al.: La naissance du monde, Paris 1959

Scharbau, Carl Anders: Die Idee der Schöpfung in der vedischen Literatur. Eine religionsgeschichtliche Untersuchung über den frühindischen Theismus, Stuttgart 1932

Schmuttermayr, Georg: «Schöpfung aus dem Nichts» in 2 Makk 7, 28? Zum Verhältnis von Position und Bedeutung, in: Biblische Zeitschrift, Neue Folge, 17 (1973), Paderborn, 203-228

Scholem, Gershom: Schöpfung aus Nichts und Selbstverschränkung Gottes, in: Eranos-Jahrbuch 25 (1956), Zürich 1957, 87-119

Scholem, Gershom: Über einige Grundbegriffe des Judentums, Frankfurt/M. 1970

Schulze, Werner: Tetraktys – Ein vergessenes Wort der Philosophie, in: ⟨edd.⟩ Kampits, Peter / Pöltner, Günther / Vetter, Helmuth: Wahrheit und Wirklichkeit. Festgabe für Leo Gabriel zum 80. Geburtstag, Berlin 1983, 125-154

Schwabl, Hans (& Duchesne-Guillemin, J.): Weltschöpfung, in: Paulys Realencyclopädie der Classischen Altertumswissenschaft, Supplementbd. 9, Stuttgart 1962, 1433-1589

Sergent, Bernard: Les trois fonctions indo-européennes en Grèce ancienne. I De Mycènes aux Tragiques, Paris 1998 (Band II nicht erschienen)

Sethe, Kurt: Amun und die acht Urgötter von Hermopolis. Eine Untersuchung über Ursprung und Wesen des ägyptischen Götterkönigs, Abhandlungen der Preussischen Akademie der Wissenschaften, Philosophisch-historische Klasse, Jg. 1929, Nr. 4, Berlin

1930

Sethe, Kurt: Dramatische Texte zu Altaegyptischen Mysterienspielen, ⟨ed.⟩ Idem: Untersuchungen zur Geschichte und Altertumskunde Aegyptens, Bd. 10, Hildesheim 1964 (Nachdr. d. Ausg. Leipzig 1928)

Sharma, Chandradhar: A Critical Survey of Indian Philosophy, Delhi et al. 1991 (reprint of ed. [1]1960)

Singh, Bal Ram ⟨ed.⟩: Origin of Indian Civilization, Dartmouth/MA–New Delhi 2010

Spann, Othmar: Gesamtausgabe, 22 Bde., ⟨edd.⟩ Heinrich, Walter / Riehl, Hans et al., Graz 1970-1974

Sproul, Barabara C.: Schöpfungsmythen der östlichen Welt, München 1993 (engl. Originalausg. San Francisco 1991)

Sproul, Barabara C.: Schöpfungsmythen der westlichen Welt, München 1994 (engl. Originalausg. San Francisco 1991)

Staudacher, Willibald: Die Trennung von Himmel und Erde. Ein vorgriechischer Schöpfungsmythus bei Hesiod und den Orphikern, Darmstadt [2]1968 (Nachdr. d. Aufl. Tübingen [1]1942)

Steurer, Rita Maria ⟨ed./tr.⟩: Das Alte Testament. Interlinearübersetzung Hebräisch-Deutsch und Transkription des hebräischen Grundtextes nach der Biblia Hebraica Stuttgartensia 1986, Band I, Genesis-Deuteronomium, Neuhausen–Stuttgart [2]1989

Sturm, Hans P.: Die vier Stadien des Ent–Setzens (ausgehend von) der buddhistischen Mittelweg-Philosophie Ārya Nāgārjuna's, nebst Parallelen aus den »Wissenschaftslehren« von J. G. Fichte. Eine Grundlegung der Strukturtheorie der Re–flexion, Widerspiegelung des Geistes I, Augsburg [2]2014 (vollständig überarbeitete, verbesserte, präzisierte und stark erweiterte Auflage mit leicht verändertem Titel von Augsburg [1]2004)

Sturm, Hans P.: Ethische Evokationen der Sophistik. Sokrates und die Aufklärung der Protagoreischen Widerspruchsunmöglichkeit, in: ⟨edd.⟩ Baruzzi, Arno / Takeichi, Akihiro: Ethos des Interkulturellen. Was ist das, woran wir uns jetzt und in Zukunft halten können?, Würzburg 1998, 125-146

Sturm, Hans P.: Weder Sein noch Nichtsein. Der Urteilsvierkant (catuṣkoṭi) und seine Korollarien im östlichen und westlichen Denken, Würzburg 1996

Syrianos: In Metaphysica commentaria, ⟨ed.⟩ Kroll, Guilelmus, Berlin 1902

Tobin, Frank: Meister Eckhart: Thought and Language, Philadelphia 1986

Torchia, N. Joseph: *Creatio ex nihilo* and the Theology of St. Augustine. The Anti-Manichaean Polemic and Beyond, New York et al. 1999

Upaniṣatsaṃgrahaḥ: ⟨ed.⟩ Shastri, J. L., Delhi et al. ^{2}1980

Van Over, Raymond: SUN SONGS. Creation Myths Around the World, New York–Scarborough–London 1980

Vasubandhu: Triṃśikā-Kārikā (skr./engl.), ⟨ed./tr.⟩ Anacker, Stefan: Seven Works of Vasubandhu. The Buddhist Psychological Doctor, Delhi 2002 (^{1}1984, reprint von $^{corr.}$1998), 183-190, 422-423

Vasubandhu: Trisvabhāvakārikā (skr./engl.), ⟨ed./tr.⟩ Anacker, Stefan: Seven Works of Vasubandhu. The Buddhist Psychological Doctor, Delhi 2002 (^{1}1984, reprint von $^{corr.}$1998), 289-297, 464-466

Vasubandhu: Trisvabhāvakārikā (skr./engl.), ⟨edd./trr.⟩ Tola, Fernando / Dragonetti, Carmen: Being as Consciousness. *Yogācāra Philosophy of Buddhism,* Delhi 2004, 219-228

Vasubandhu: Vijñaptimātratāsiddhi (skr./engl.) [Viṃśatikā-Kārikā & Vṛtti; Triṃśikā & Bhāṣya] (With Sthiramati's Commentary), ⟨ed./tr.⟩ Chatterjee, K. N., Bhadaini–Varanasi 1980

Weiß, Hans-Friedrich: Untersuchungen zur Kosmologie des hellenistischen und palästinischen Judentums, Berlin 1966

West, Martin L.: The Orphic Poems, Oxford et al. 1983

Windischmann, Friedrich: Zoroastrische Studien. Abhandlungen zur Mythologie und Sagengeschichte des Alten Iran, ⟨ed.⟩ von Spiegel, Friedrich, Teheran 1976 (Nachdr. d. Ausg. Berlin 1863)

Wolfson, Harry Austryn: Studies in the History of Philosophy and Religion, Vol. 1, ⟨edd.⟩ Twersky, Isadore / Williams, George H., Cambridge/MA 1973

Yao Zhihua: One, Water, and Cosmogony. *Reflections on the Ṛgveda X.129 and the* Taiyi sheng shui, in: ⟨edd.⟩ Theodor, Ithamar / Yao Zhihua: Brahman and Dao. Comparative Studies of Indian and Chinese Philosophy and Religion, Lanham/MD et al. 2014, 3-18

Young, Julian: How Chaotic is Plato's Chaos, in: Prudentia 10

(1978), Auckland, 77-83

Ziegler, Konrat: Orphische Dichtung, B. Verlorene Gedichte, in: Paulys Realencyclopädie der Classischen Altertumswissenschaft, Bd. 18.2 (36. Halbbd., 1. Drittel), Stuttgart 1942, 1341-1417

Namensregister

Autoren, Kompilatoren, Editoren, Übersetzer, historische Persönlichkeiten (nicht von Buch- und Werktiteln) und ohne Verfassernamen überlieferte Quellenschriften